THÈSE

POUR LE DOCTORAT

UNIVERSITÉ DE PARIS. — FACULTÉ DE DROIT

DU
BAIL A COMPLANT

THÈSE POUR LE DOCTORAT

L'ACTE PUBLIC SUR LES MATIÈRES CI-APRÈS

Sera soutenu le Samedi 10 Novembre 1900, à 8 heures.

PAR

RENÉ CHAPELARD

AVOCAT A LA COUR D'APPEL

PRÉSIDENT : M. PLANIOL.

Suffragants : { MM. WEISS, SALEILLES, } *Professeurs.*

PARIS

LIBRAIRIE NOUVELLE DE DROIT ET DE JURISPRUDENCE

ARTHUR ROUSSEAU, ÉDITEUR

14, RUE SOUFFLOT ET RUE TOULLIER, 13

1900

DU BAIL A COMPLANT

INTRODUCTION

L'étude que nous nous sommes proposée, et qui va faire l'objet de notre thèse, porte sur une des vieilles tenures spéciales à notre ancien droit, qui se sont perpétuées jusqu'à nos jours, ayant été respectées et par les lois révolutionnaires et par les nouveaux principes édictés par notre législation de 1804. Le bail à complant, en effet, remonte très loin dans le passé, et après s'être implanté sur notre sol dans quelques régions, il s'est définitivement fixé dans les contrées avoisinant l'embouchure de la Loire; c'est en Loire-Inférieure, dans l'ancien comté nantais que ces baux sont le plus répandus. On compte en effet plus de 4.000 hectares de vignes cultivés de cette façon; on le rencontre aussi dans quelques cantons du Maine-et-Loire, de la Vendée et de la Charente-Inférieure, mais dans ces pays il est peu en usage.

C. — 1

Nous prendrons donc pour type du bail à complant, le bail nantais, et la plupart de nos explications porteront sur ce point, sans laisser dans l'ombre toutefois les baux à complant usités dans les autres départements; puis, sans trop nous étendre sur les origines historiques de ce contrat, nous nous efforcerons de le concilier avec la législation en vigueur, et nous rechercherons si on peut lui appliquer tel ou tel article du code, et comment il peut s'accommoder de cette application.

La tâche, certes, est ardue, car il existe peu de documents sur cette matière; la jurisprudence seule pourra nous fournir quelques utiles renseignements que nous combinerons avec les vieilles coutumes, et les ouvrages des quelques auteurs qui ont écrit sur la matière.

Quoi qu'il en soit, voici quelle sera la division de notre sujet :

Nous avons fait rentrer l'étude du bail à complant dans six chapitres principaux, comprenant tous les six, différentes sections.

Dans le chapitre 1er, nous traiterons de la définition des notions générales, et d'un aperçu historique du bail à complant.

Dans le chapitre II, des lois abolitives de la féodalité, de leur histoire en général et de leur effet sur notre contrat.

Sachant alors que le bail à complant a résisté à l'œuvre réformatrice de la Révolution, nous parlerons, dans le chapitre III, du bail à complant au point de vue des obligations des deux personnes que nous y rencontrerons, c'est-à-dire du bailleur et du preneur : c'est ce que nous appellerons l'étude analytique du bail à complant.

Dans le chapitre IV, nous aborderons une des questions les plus importantes et le plus discuté de notre sujet : le caractère du bail à complant au point de vue du transfert de la propriété. Nous essayerons alors de définir la nature juridique des droits et du preneur et du bailleur, dans un bail, soit translatif, soit non translatif, et nous tirerons les conséquences légales de la définition que nous aurons donnée.

Puis sous la rubrique : « De quelques questions à propos du bail à complant », nous étudierons, dans autant de sections correspondantes, la capacité des parties contractantes, la durée, la preuve, l'extinction de notre contrat ; nous parlerons de la liberté accordée au preneur de céder son droit, de la transcription et de l'enregistrement, et de sa comparaison avec le métayage.

Enfin, dans le chapitre VI, nous étudierons la loi du 8 mars 1898 — ses causes, son histoire et son analyse.

CHAPITRE PREMIER

DÉFINITION ET APERÇU HISTORIQUE DU BAIL A COMPLANT

Section I. — Définitions et notions générales.
Section II. — Aperçu historique. — Nature des baux à complant
avant la Révolution.

SECTION I

DÉFINITIONS ET NOTIONS GÉNÉRALES

Le bail à complant tel que nous le connaissons à l'époque
actuelle, est un contrat d'une nature particulière, en vertu
duquel le bailleur cède au colon une superficie de terrain
ou de vigne, à la charge de le planter en vigne, ou d'en
continuer la culture s'il est déjà planté, à certaines conditions d'exploitation, et avec attribution au colon de la
moitié, des deux tiers ou des trois quarts de la récolte en
raisins ; d'où la vigne est dite à devoir de moitié du tiers
ou du quart qui forment la part du bailleur dans la
récolte (1).

(1) Dalloz, *Répertoire*, au mot « Louage ».

Ce contrat est un des derniers vestiges des vieilles tenures spéciales à notre ancien droit. Dans les coutumes des provinces de l'Ouest, nous en trouvons les quelques définitions suivantes.

Furetière (1) définissait le complant « un champ dont on a concédé la jouissance à quelqu'un à la charge d'y planter des arbres, et particulièrement des vignes, et de rendre une partie des fruits au propriétaire du terrain ». Poullain-Duparc (2) nous rapporte que « c'était un bail à perpétuité, ou pour un temps limité, par lequel le propriétaire d'un héritage le transporte au preneur à la charge d'y planter des vignes, ou d'entretenir celles qui y sont déjà plantées, de les cultiver en bon père de famille, et de donner au bailleur la portion de vendange stipulée au contrat ». Boucheul (3) commentant la coutume du Poitou l'appelle « une espèce de bail à perpétuité quand l'on donne une terre à planter en vignes et à en payer au bailleur par chacun en une portion de vendange ». Olivier de Saint-Vast (4) « un héritage dont on abandonne la jouissance à quelqu'un pour planter en vignes, à la charge par l'acquéreur de payer une partie des fruits au propriétaire

---

(1) Denisart. *Décisions nouvelles.* V. « Complant ».

(2) Poullain-Duparc. *Principes du droit français suivant les maximes de Bretagne.*

(3) Boucheul. *Commentaires de la coutume du Poitou.*

(4) Olivier de Saint-Vast. *Commentaires de la coutume du Maine et de l'Anjou.*

d'un terrain ». Valin (1) sous l'article 62 de la coutume de La Rochelle « le mot complant désigne le devoir de fruits qui se lève sur les vignes au profit du seigneur ou de tout autre qui a cédé une terre à la charge de la planter en vignes ».

D'après ces vieilles définitions que nous venons d'énumérer, nous voyons que les terres soumises au complant, et spécialement les vignes, se trouvent dans la main de deux personnes : d'un propriétaire qui abandonne une portion de terrain et d'un colon qui plante ce terrain et le cultive. Puis, si nous observons de plus près ces définitions qui toutes, il est facile de le remarquer, se ressemblent au moins dans l'allure générale du contrat, nous en tirerons les trois éléments suivants, éléments essentiels du bail à complant.

1° Cession par le propriétaire d'un terrain à un tiers ;

2° Obligation pour ce tiers de planter ce terrain en vignes, ou de continuer cette culture, s'il est déjà planté ;

3° Obligation pour ce tiers de livrer au propriétaire, à titre de redevance, une portion des fruits, qui sera du tiers, ou du quart généralement.

Quant à la durée, les auteurs que nous venons de citer n'en parlent pas tous. Poullain-Duparc assigne à ce contrat une durée généralement perpétuelle, Boucheul lui reconnaît également ce caractère ; les autres n'en disent rien, mais

(1) Valin. *Nouv. Comm. sur la coutume de La Rochelle et du pays d'Aunis.*

comme tous reconnaissent au colon l'obligation de cultiver
la vigne, après l'avoir plantée dans le cas de cession d'un
terrain encore inculte ou soumis à une autre culture,
nous pensons que la durée de ce contrat suivra le même
sort que la vigne elle-même, et comme il est facile au
moyen de certains procédés, dont nous parlerons plus
tard, de prolonger la vie d'un clos pendant de nombreuses
années, nous verrons que les baux à complant sont des
baux à long terme, qui ne prendront fin que dans les cas
où le colon ne satisfait pas à ses engagements.

Il ressort encore de nos différentes définitions que le bail
à complant peut être rangé dans la classe des champarts. En
effet, un des éléments constitutifs de ce contrat, c'est la
redevance en nature fournie par le colon au propriétaire,
or, le champart n'était autre qu'une redevance imposée ordinairement pour concession d'héritage et consistant en une
certaine portion de fruits. Le champart, disait Pothier (1),
c'est une certaine quotité de fruits qui se recueillent sur
l'héritage qui en est chargé, et comme le fait remarquer
Merlin (2), qui définit le complant comme un champart
ordinaire, dans le cas particulier de notre contrat cette portion de fruits consistait en une partie de la récolte de la
vigne soumise à ce droit. Pourtant il arrivait quelquefois
que le complant était désigné par le même nom que le
champart. C'est ce que dit Valin, le commentateur de la

(1) Pothier. *Traité des Champarts*, art. « préliminaire ».
(2) Merlin. *Répertoire*. Mot. « vigne ».

coutume de La Rochelle. « Dans presque toutes les autres
coutumes ce devoir est confondu avec celui qui se prend
sur les bleds, et il est compris sous les termes géné-
riques de terrage, champart ou agrier, qui cependant
n'indiquent de leur nature que la redevance à laquelle les
champs sont assujettis » et notre complant était alors désigné par des termes différents suivant les régions. Les
pays de droit écrit lui réservaient les noms de champart,
agrier ; la Flandre, la Lorraine et le Berry le connaissaient
sous la dénomination de terrage, le Barrois sous celle
d'arage ; le Bourbonnais l'appelait carpot ; et enfin dans
d'autres localités nous trouverons les expressions de sixte
vignage, neume, ychyde, tasque, hostisse, quart ou tiers
raisin, parcière, etc. Mais à côté de toutes ces dénominations, nous en trouvons quelques-unes qui visent tout
spécialement notre contrat, et qui seront opposées aux
autres champarts. Ce sont celles de complant, devoir de
tiers ou de quart en Bretagne et en Anjou, tiers ou quart
raisin dans les pays arrosés par le Rhin et la Moselle,
percière ou parcière en Auvergne.

Pour en finir avec ces diverses appellations du mot complant, il nous reste à préciser exactement quel est le sens
de ce mot. Il a dû désigner tout d'abord le fait de planter
un vignoble. Puis a été créée l'expression bail à complant,
qui, par abréviation est devenue simplement complant. Ce
terme désigne aussi la redevance elle-même et l'ensemble
des vignes sujettes au complant. Quant au mot complan-

terie, Ragueau (1) l'emploie pour désigner la portion de
fruits que prend le bailleur sur les vignes. Merlin au contraire, donne ce nom à l'ensemble des vignes sujettes au
complant. Cet auteur se fonde sur l'article 75 de la
coutume du Poitou, qui croyons-nous emploie le mot
complanterie dans son véritable sens : « Tout homme,
dit cet article, qui a juridiction peut prendre ou faire
prendre par son sergent ou serviteur, les bêtes qu'il trouvera malfaisant ou gâtant en son domaine, terragerie ou
complanterie.

Enfin nous trouvons également les mots de complanteur
ou complentaire qui désignent le colon que l'on appelle
aussi quelquefois propriétaire. Quant au bailleur, nous le
rencontrerons désigné soit par ce terme soit par celui de
propriétaire.

SECTION II

APERÇU HISTORIQUE, NATURE DES BAUX A COMPLANT AVANT LA
RÉVOLUTION.

Ces notions générales connues, et avant d'étudier les
obligations réciproques de ces deux personnes, et de définir exactement quel est le droit de ce colon et de ce propriétaire, il serait bon de jeter un regard en arrière et de

(1) Ragueau. *Indice des droits royaux et seigneuriaux.* V.
« Complanterie ».

dire quelques mots des origines historiques de ce bail que nous nous proposons d'étudier.

Sans nous reporter, comme l'a fait M. Beucher (1), aux travaux de Sismondi sur l'économie politique des peuples, ni à ceux de Du Mesnil-Marigny sur l'économie politique des anciens peuples, auteurs qui signalent des tenures de ce genre dans l'Inde, il est une chose qui doit nous frapper au début de cette étude, c'est la redevance en nature fournie par le colon au propriétaire; et sans dire que le bail à complant fut connu dès les temps les plus reculés, on peut admettre qu'il existait dans les rapports des peuples anciens, à une époque où le numéraire faisait à peu près défaut, des baux présentant avec le nôtre quelque analogie, c'est-à-dire des baux par lesquels un colon fournissait à un propriétaire une redevance en nature, comme prix de la jouissance d'une terre que ce dernier lui abandonnait. C'est ainsi que nous trouvons à Rome, le bail à colonat partiaire, bail par lequel le colon qui cultive, partage les fruits avec le propriétaire ; l'origine la plus plausible de ce bail, est la manière de faire des censeurs quand ils affermaient les terres de l'ager publicus ; le prix de ferme consistait presque toujours en une portion de fruits ; mais seules les terres de l'état et plus tard celles de l'empereur pouvaient être affermées de cette façon ; les particuliers alors employèrent le bail à colonat partiaire, et c'est à

(1) Beucher. *Bail à complant en Maine-et-Loire.*

l'aide de ce bail qu'ils arrivèrent à mettre en valeur leurs territoires africains.

En Grèce, nous rencontrons l'emphytéose qui n'est autre qu'une concession à long terme moyennant une redevance annuelle (1), à charge pour le colon de construire ou de planter le fonds concédé. L'usage de cette redevance en nature fournie par le colon est donc connue dès la plus haute antiquité, et il n'est pas étonnant alors de voir notre bail à complant sortir de ces anciennes coutumes et devenir tel que nous le connaissons, après avoir subi les transformations dues aux nécessités du moment ou aux usages locaux.

Les premiers exemples de baux à complant que nous connaissons en France sont du ixᵉ siècle ; le plus reculé nous est donné par le cartulaire de saint Victor, de Marseille, de l'année 817 (2). Du Cange (3), dans son glossaire, cite une charte de l'abbaye de Noailles, près Poitiers, de l'année 905, où il est question d'un bail de cette espèce. « Les églises surtout et les monastères, rapporte Troplong (4), qui lui-même s'inspire de Du Cange, voulant s'assurer leurs provisions de vins, sans être tributaires des

---

(1) Rien ne s'oppose à ce que dans ce cas la redevance soit en nature, mais si elle est en argent, c'est toujours la même idée exprimée : abandon d'un terrain à charge pour le colon de construire ou de planter.

(2) Cartulaire de Saint-Victor de Marseille. — Guérard, nᵒ 164, t. I, p. 190.

(3) Ducange. *Glossaire*. V. « Complanterie ».

(4) Troplong. *Droit civil* « De l'échange et du louage », t. I, p. 228.

lieux vinicoles, multipliaient ces sortes de concessions, et les moines s'imaginaient boire les délicieux vins de Falerne dont la réputation s'était conservée jusqu'au milieu des rigueurs du cloître. » Dans ces temps reculés, une des clauses les plus usuelles était de stipuler qu'au bout de cinq ou sept ans la moitié du terrain complanté rentrerait dans les mains du bailleur et que le preneur conserverait l'autre moitié, tantôt franche, libre et en toute propriété, tantôt moyennant certaines redevances déterminées par l'usage des lieux. Nous verrons plus tard qu'il existe encore dans certaines régions de notre sol des baux de cette dernière nature ; pour le moment, qu'il nous suffise de constater que c'est aux XIIe et XIIIe siècles que les baux à complant se multiplient en Bourgogne, Dauphiné, Provence, Languedoc, Saintonge, Aunis, Poitou, Anjou, Maine, Limousin, Auvergne et Nivernais ; dans la plupart de ces provinces, les baux à complant n'ont eu qu'une courte existence et, à l'heure actuelle, nous ne les trouvons encore usités d'une façon courante que dans les départements de l'ouest de la France.

Il n'est certes pas aisé de suivre le développement de ces baux, depuis leur apparition première sur notre sol jusqu'au jour où ils s'implantèrent dans les contrées voisines de l'embouchure de la Loire ; mais, de l'avis de tous les auteurs, reconnaissons que, de même qu'autrefois, les Romains avaient mis en culture les colonies africaines à l'aide de baux par lesquels le propriétaire avait droit à une redevance en nature, de même trouverons-nous les baux à complant avec leur redevance en nature dans les pays incultes ou dans ceux que les guerres avaient ruinés: et si, plus tard, ces mêmes baux sont restés confinés dans nos provinces de l'ouest, c'est peut-être que dans ces pays l'étendue des terres incultes était plus considérable que partout ailleurs. Quelques propriétaires vraisemblablement auront essayé de grossir leurs revenus, en mettant en culture des terrains qui jusqu'alors n'avaient rien produit ; sur les bords de la Sèvre nantaise, par exemple, on remarque depuis longtemps déjà un centre vinicole important, et c'est vers le XIIe siècle que la vigne y fit son apparition, c'est à cette époque aussi que l'on trouve la pratique des baux à complant. Ces baux, nous semble-t-il, ont donc eu leur sort lié intimement à celui des vignobles. Ce mode d'exploitation, en effet, était aussi pratique qu'avantageux. Peut-être n'eut-on pas de prime abord recours à lui, il est même probable que d'après les vieux baux qui nous sont parvenus, les propriétaires usaient volontiers de la combinaison suivante : ils concédaient à un colon leur portion de terrain à charge de le planter en vignes, mais cette concession ne durait que pendant la vie du colon. Que d'inconvénients alors pour les deux parties ; les colons se souciaient peu de faire les déboursés considérables de plantations, alors qu'ils n'étaient pas sûrs de jouir du fruit et de leurs dépenses et de leurs travaux, dans le cas où ils mourraient peu de temps après la concession. Les propriétaires voyaient avec déplaisir les soins de la culture leur revenir dans le cas de mort du colon ;

aussi voit-on des concessions de ce genre porter la clause qu'elles seraient faites au preneur, à leurs enfants ou à leur postérité, et pour empêcher que le terrain concédé par le propriétaire soit à jamais perdu pour lui, on insère dans la concession une nouvelle clause qui consiste dans la défense faite au preneur de vendre, et dans le droit de préemption accordé au bailleur. Les mêmes clauses se rencontraient aussi dans le cas où le bailleur concédait au colon une vigne déjà plantée. Quant à la redevance due par le colon pour prix de sa jouissance, elle était ordinairement très faible et consistait soit en raisins, soit en espèces.

De ces différentes combinaisons à notre bail à complant il n'y eut qu'un pas; pour que le propriétaire n'eut pas à faire les déboursés de plantation, on lui permet de concéder une portion de terrain à un colon que ce dernier s'engage à planter à ses frais, moyennant une redevance en nature, et pour assurer à ce colon la faculté de recueillir les fruits de ses travaux, on donna au contrat une durée fort longue; quelques auteurs vont même jusqu'à lui reconnaître le caractère de perpétuité. Nous avons vu en étudiant les diverses définitions que nous avons trouvées, que sa durée était étroitement liée à celle de la vigne, et qu'en pratique elle pouvait être considérée comme indéfinie. Le bail à complant est définitivement fixé vers le XIVe siècle et c'est sous la même forme que nous la retrouvons au XIXe.

De tout ceci il ressort que notre bail à complant fut

usité pour permettre à un propriétaire de planter en vignes, une portion de terrain inculte, dans des conditions fort avantageuses, puisqu'il ne faisait aucun frais de plantation, que les soucis de la culture lui étaient épargnés et qu'il retirait de la convention passée avec le colon un droit à une partie de la récolte. Cette façon de procéder a donc pour principal point de départ, sans nous occuper des institutions juridiques qui ont pu en donner l'idée, la trop grande étendue des terres en friches, et le manque de capitaux chez les propriétaires. Aussi ne sommes-nous pas étonné en lisant : « Les gentilshommes campagnards du xviiie siècle », de trouver dans les mémoires de certains d'entre eux des passages ainsi conçus : « J'ai défriché des terrains incultes, où j'ai planté il y a sept ans des vignes qui sont magnifiques, je jouirai cette année de la moitié des fruits qu'elles rendront, qui sera considérable ; par un *traité*, que j'ai fait avec des habitants de mes terres, ils doivent travailler et cultiver ces vignes dont je dois retirer la moitié des fruits sept ans après le *complant*, ce qui, j'espère, augmentera mon revenu de mille écus de rente (1) ». Ce passage a trait à un complant sur un terrain déjà planté en vignes, mais, il n'en exprime pas moins l'idée que nous avons essayé de mettre en lumière, c'est-à-dire, le bail à complant créé pour permettre à des

---

(1) *Revue des Etudes historiques*. P. de Vaissière. — Gentilshommes campagnards du xviiie siècle, morceau tiré des *Mémoires* du marquis de Franclieu.

gens pauvres, ou qui ne voulaient pas faire les premiers déboursés de plantation, de mettre en culture, ou de l'entretenir, s'il n'y est déjà, un terrain qu'on ne pouvait planter faute de capitaux, ou dont l'entretien devenait une charge trop lourde.

Pour en finir avec les baux à complant tels qu'ils existaient avant la révolution, sous notre ancien droit coutumier, il nous faut parler du caractère féodal dont ils devaient être fatalement entachés, puisque nous l'avons vu, on les assimilait à des champarts.

En thèse générale, dit Merlin (1), le droit à la redevance dont jouissait le propriétaire dans notre bail à complant avait un caractère purement foncier, quand cette redevance était due soit à un particulier non seigneur, pour prix, d'un héritage que celui-ci avait abandonné à la charge de le mettre en vignoble, soit à un seigneur pour prix d'un héritage sur lequel en le concédant sous la même charge, celui-ci ne s'était pas réservé la directe ; plus rarement ce droit à la redevance se trouvait entaché de féodalité, quand le seigneur se l'appropriait à titre de cens, ou mieux quand elle lui était due en reconnaissance de la directe, qu'il s'était réservée lui-même sur l'héritage concédé, ou qu'il se l'était réservée à titre de redevance foncière, mais additionnellement à un cens stipulé par l'acte même de concession. Valin (2) nous dit à ce sujet : « La

(1) Merlin. *Répertoire.* Mot « vigne ».
(2) Valin. *Nouv. Comm. de la coutume de La Rochelle et du pays d'Aunis.*

nature du droit de complant dépend de la manière de le
créer même à l'égard du seigneur du fief, car si c'est un
simple propriétaire de mas de terre, sans prérogative de
fief, qui le stipule à son profit, il n'y a pas de doute que
ce soit une redevance purement foncière. La différence ne
peut donc regarder que le seigneur du fief, et il faut dire
que si le droit de complant ou de terrage qu'il se réserve
dans la concession de la terre, est la seule et unique redevance qu'il stipule, elle sera alors seigneuriale comme
tenant lieu du cens, dont elle doit avoir par conséquent
les privilèges et les prérogatives. Si, au contraire, il y a
un cens déterminé, outre ce devoir de fruits, cette dernière redevance ne sera alors qu'un arrière devoir, ou
sur-cens. »

M. Cauwès (1), dans une étude sur le bail à complant,
nous enseigne qu'en principe le complant n'avait rien
de seigneurial, mais qu'il était susceptible de l'être comme
un champart, lorsque la concession émanait d'un seigneur
dont la terre n'était grevée d'aucune redevance antérieure.

Nous pouvons donc dire qu'il existait deux sortes de
baux à complant; les uns qui étaient entachés de féodalité, les autres qui ne l'étaient pas, et la seule question
intéressante qui puisse s'élever à ce sujet, c'est ce à quoi
nous reconnaîtrons un complant féodal d'un complant
foncier.

(1) *Grande encyclopédie.* Mot « Complant ».

Il y avait d'abord le cas où le titre s'en expliquait formellement, dès lors pas de difficultés ; et en parlant du titre, nous entendons les clauses du contrat et la substance de ces clauses en se gardant bien d'attacher une trop grande importance aux mots employés ; et puisque nous savons que le bail à complant est une variété de champart, nous suivrons pour reconnaître un complant féodal, d'un complant foncier, dans le cas où le titre ne s'en expliquerait pas d'une façon assez claire et précise, les mêmes règles que Pothier et les autres anciens auteurs indiquaient à propos du champart.

« Le champart est quelquefois seigneurial, quelquefois il ne l'est pas, dit Pothier (1). Quand l'héritage qui en est redevable n'est chargé d'aucun cens, et que le champart est la première redevance dont l'héritage est chargé, il est en ce cas censé avoir été retenu sur l'héritage, non seulement comme un droit utile, mais encore comme un droit recognitif de seigneurerie, que s'est retenu celui qui a donné l'héritage à ce titre ; et conséquemment le champart est en ce cas un droit seigneurial. Si l'héritage redevable du champart est aussi chargé d'un droit de cens envers le même seigneur à qui le champart est dû, soit envers un autre seigneur, en ce cas le cens est censé être la première redevance et la redevance seigneuriale, car c'est la nature du cens d'être recognitif de seigneurie, et il ne serait pas proprement cens sans cela ; en ce cas, le

(1) Pothier. *Traité des champarts*.

champart n'est pas seigneurial, mais c'est une simple redevance foncière, car un même héritage ne peut être tenu de deux redevances seigneuriales ni relever de plus d'une seigneurie. »

Donc, d'après Pothier, et d'après les auteurs que nous avons cités pour montrer que l'on pouvait trouver deux espèces de complant, la nature du droit de complant dépendait de la qualité de seigneur ou de roturier, du créancier de complant, mais cette condition n'était pas suffisante pour la préciser bien catégoriquement, il fallait autre chose, et pour savoir si un complant était féodal ou simplement foncier, c'était aux circonstances dans lesquelles la redevance était due, que l'on devait surtout s'attacher.

Nous ne nous attarderons pas dans la discussion de ces théories, puisque nous nous sommes proposé d'étudier le bail à complant depuis la Révolution, et que nous retrouverons ces mêmes questions dans la suite de notre étude ; mais nous devions dire quelques mots du caractère féodal ou foncier de notre contrat. Nous ne pouvons oublier, qu'au début de la Révolution, nous trouvons des lois qui détruisent les derniers vestiges de la féodalité, ou qui soumettent au rachat certaines redevances dans le genre de celle que nous trouvons dans le bail à complant. Il nous faudra donc montrer l'effet de ces lois vis-à-vis du bail à complant, et nous rendre compte si certains de ces baux ou tous ces baux n'ont pas été emportés dans la tourmente révolutionnaire. A propos du rachat, nous aurons à étudier une question sur laquelle nous reviendrons plus tard en définissant le droit du preneur, celle du transfert de la propriété pour ce dernier; cette question du reste est intimement liée à la précédente, savoir si ces baux ont été touchés par les lois abolitives; en voici la raison :

Qu'est-ce en effet qu'un bail à complant? Nous avons vu que notre bail consiste en une concession de terrain à un preneur, moyennant certaines charges, or se demander si cette concession entraîne le transfert de la propriété pour le preneur, c'est vouloir en définir la nature juridique. Comment alors la réponse à cette question se liera-t-elle à celle exprimée plus haut, savoir, si les baux à complant peuvent être ou non féodaux. Tout contrat féodal repose sur le principe du transfert du domaine utile avec rétention de la directe par le seigneur, si donc il n'y a pas transfert de domaine utile, nous ne pouvons être en présence d'un contrat féodal. Voilà donc deux questions intimement liées l'une à l'autre, la réponse à ces deux questions va faire l'objet de notre chapitre ii.

CHAPITRE II

EFFET DES LOIS ABOLITIVES DE LA FÉODALITÉ SUR LE BAIL
A COMPLANT

Section I. — Historique des lois abolitives de la Féodalité.
Section II. — Le bail à complant a-t-il été touché par ces lois abolitives.

Nous venons de voir que les baux à complant se ratta-
chaient par plus d'un point aux institutions de l'ancien
régime, nous avons même relaté l'opinion, la plus accré-
ditée du reste, qui assimilait ce contrat à un champart,
nous sommes donc en droit de nous demander si ce contrat, que nous rencontrons encore aujourd'hui, et au sujet
duquel nous trouvons une loi récente du 8 mars 1898, est
encore licite ou si, au contraire, les lois de la période
intermédiaire que nous allons énumérer ne l'ont pas aboli.

SECTION PREMIÈRE

HISTORIQUE DES LOIS ABOLITIVES DE LA FÉODALITÉ

Sans vouloir entrer dans les causes de l'abolition de la

Féodalité, nous devons rappeler que c'est à la suite du
4 août 1789, quelque temps après le premier acte san-
glant de la Révolution, que nous trouvons les premiers
monuments législatifs destinés à porter le coup fatal aux
anciens droits féodaux.

Dans la nuit du 4 août, le principe de l'abolition était
posé, restait à la Constituante le soin de l'appliquer. Dès
le 6 août, elle commença à discuter la rédaction des faits
de la veille, et ce n'est que le 11, qu'un décret général fut
rendu, décret qui inspira toutes les lois de la Révolution.
Le roi voulut d'abord se refuser à la promulgation, mais
il dut céder et ce n'est que le 3 novembre que légalement
le régime féodal cessa d'exister.

Dans ce décret du 11 août, nous trouvons deux articles
concernant notre sujet.

L'article 1er est ainsi conçu : « L'Assemblée Nationale
détruit entièrement le régime féodal et décrète que dans
les droits et devoirs, tant féodaux que censuels, ceux qui
tiennent à la mainmorte réelle ou personnelle, et à la
servitude personnelle, et ceux qui les représentent sont
abolis sans indemnité ; tous les autres sont déclarés rachetables, et le prix et le mode du rachat seront fixés par
l'Assemblée Nationale. »

L'article 6. — « Toutes les rentes foncières perpétuelles
soit en nature, soit en argent, de quelque espèce qu'elles
soient, quelle que soit leur origine, à quelques personnes
qu'elles soient dues seront rachetables ; les champarts de
toutes espèces, et sous *toutes dénominations*, le seront

pareillement au taux qui sera fixé par l'Assemblée. Défenses sont faites de plus, à l'avenir, de créer aucune redevance non remboursable ».

« D'après ces deux articles dit M. Chénon (1), on voit que la Constituante classait en trois catégories les démembrements de la propriété alors reconnus : 1° les droits féodaux qui tenaient à la mainmorte ou au servage ; 2° les droits féodaux fonciers ; 3° les droits purement fonciers. »

Cette classification ajoute M. Chénon n'était pas heureuse, elle avait plusieurs torts, elle était injuste, imprévoyante et contradictoire.

C'était une injustice en effet, de supprimer en bloc toute une catégorie de droits féodaux sans indemnité ; cette suppression devait fatalement amener des perturbations dans les fortunes privées, et bien que ces droits aient été abandonnés spontanément par leurs titulaires dans la nuit du 4 août, il n'en est pas moins vrai que certains d'entre eux avaient acheté et payé ces droits, se fiant à la législation actuelle. Puis il n'était point facile de distinguer, au milieu du chaos existant alors dans notre législation, ce qui était aboli définitivement, et ce qui l'était avec indemnité. Enfin les paysans qui avaient pris à la lettre l'article premier du décret, se croyaient à l'abri de toute poursuite, et se considéraient comme n'ayant

(1) Chénon. *Démembrement de la propriété foncière en France avant et après la Révolution.*

.plus rien à payer. Pourtant il y avait des droits rachetables
et quand les seigneurs voulurent se faire payer, ils trou-
vèrent du côté des paysans une résistance acharnée, qui,
vu l'état des esprits à cette époque dégénéra bientôt en
guerre civile. Ils s'en prirent aux châteaux qu'ils pillèrent
et brûlèrent ; ce fut pour eux une façon d'obtenir « quittance finale des rentes ».

Vint alors le décret du 15 mars 1790. Le titre III de ce
décret nous dit : Article 1er. « Seront simplement rachetables et continueront d'être payés jusqu'au rachat effectué,
tous les droits et devoirs féodaux ou censuels qui sont le
prix et la condition d'une concession primitive du fonds.
Article 2. « Seront présumées telles, sauf la preuve contraire
1° toutes les redevances seigneuriales annuelles en argent,
grains, volailles, cire, denrées ou fruits de la terre servies
sous la dénomination de cens, censives, surcens, capsacal,
rentes féodales, seigneuriales et emphytéotiques, cham
part, tasque, terrage, arage, agrier, *complant* soété, etc...

Puis, la loi énonce quels sont les moyens de preuve
dont on pourra faire usage. En principe, le seigneur qui
prétendait avoir un droit rachetable devait en prouver
l'existence et la quotité, et l'art. III nous dit qu'en cas de
contestation sur l'existence et la quotité des droits énoncés
dans l'article précédent, « il serait décidé d'après les
preuves autorisées par les statuts, coutumes et règles
observées jusqu'à présent. » L'enclave reste également,
dans les coutumes qui l'admettent formellement, comme
moyen de preuve ; cette règle de l'enclave faisait pré-

sumer qu'un fonds était grevé de redevance par le fait seul qu'il était compris dans le périmètre de la seigneurie, en vertu de la maxime : « Nulle terre sans seigneur » (1).

Cette loi permet également la preuve par témoins « dans les trois années de la publication des présentes », quand les archives et les titres des propriétaires de fief avaient été brûlés lors des troubles de 1789, et cette preuve par témoins « ne pourra être acquise que par dix témoins, lorsqu'il s'agira d'un droit général et par six témoins dans les autres cas ».

La preuve contraire était toujours à la charge du titulaire.

De tout ceci il ressort qu'aux termes mêmes des décrets de la Constituante, les redevances annuelles au nombre desquelles nous avons vu citer notre complant étaient présumées le prix d'une ancienne concession de fonds et déclarées simplement rachetables.

Remarquons aussi que la Constituante, par ces mêmes décrets, interdit dans (l'art. 5) aux municipalités, aux administrations de district ou de département, « d'empêcher la perception d'aucun des droits seigneuriaux dont le payement sera réclamé sous prétexte qu'ils se trouveraient implicitement ou explicitement supprimés sans indemnité, sauf aux parties intéressées à se pourvoir par les voies de

(1) Chénon. *Démembrement de la propriété foncière avant et après la Révolution.*

droit ordinaires devant les juges qui doivent en connaître. »

Mais les injonctions de cette Assemblée ne furent pas
toujours obéies, et elle dut s'occuper aussi des conditions
dans lesquelles s'opérerait le rachat. Ce fut l'objet du
décret du 3 mai 1790. Ce décret se divise en quatre
« divisions », les deux premières posent des principes
généraux et énoncent que tout propriétaire pourra racheter les droits féodaux et censuels dont son fonds est
grevé, il pourra le faire à l'amiable avec le seigneur, dit
l'article 6, et plus loin, ce décret prescrit de quelle façon
les tuteurs, curateurs et autres administrateurs pourront
liquider les rachats (art. 7).

Dans la 3e division (art. 12 et suivants), nous trouvons
les règles qu'il faut suivre lorsque les parties ne pourront
point s'accorder sur le prix du rachat. L'article 17, qui a
trait à notre bail à complant, s'exprime ainsi (1) : « Quant
aux redevances qui consistent en une certaine portion des
fruits récoltés sur le fonds (tels que champarts, terrages,
agriers, tasques, dîmes seigneuriales et autres de même
nature), il sera procédé, par des experts que les parties
nommeront ou qui seront nommés d'office par le juge, à
une évaluation de ce que le fonds peut produire en nature
dans une année commune. La quotité annuelle du droit à
percevoir sera ensuite fixée dans la proportion du produit

____

(1) Nous trouvons les mêmes terminologies au milieu desquelles
nous avons vu citer le complant.

de l'année commune du fonds, et ce produit annuel du droit sera évalué en la forme prescrite par l'article 14 ci-dessus pour l'évaluation des redevances en grains (1).

Mais tout cela ne suffisait point; le principe que ni la nation, ni les municipalités, ni les administrations du district ou du département ne peuvent intervenir pour faciliter le rachat, principe énoncé dans l'article V du décret du 15 mars 1790, titre III, subsiste toujours. Aussi le rachat était-il long et difficile. Il pouvait en effet être retardé par toutes sortes de causes, puisque nous avons vu que les parties devaient procéder par expertises et bien souvent il était au-dessus des ressources des tenanciers. « Il eut mieux valu, dit M. Chenon, déclarer sans distinction tous les droits féodaux rachetables, comme le voulait le duc d'Aiguillon et les faire racheter en bloc et de suite, soit par les communautés, comme l'avait proposé le vicomte de Noailles, soit mieux par l'Etat. Il eut fallu en un mot que la Constituante entreprît elle-même de liquider l'ancien régime. On le proposa par la suite, mais trop tard, le pli était pris ».

____

(1) A l'égard des redevances en grains, il sera formé une année commune de leur valeur d'après le prix des grains de même nature, relevé sur les registres du marché du lieu, ou du marché le plus voisin, s'il n'y en a pas dans le lieu. Pour l'année commune, on prendra les quatorze années antérieures à l'époque du rachat; on retranchera les deux plus fortes et les deux plus faibles; et l'année commune sera formée sur les dix années restantes. *Code intermédiaire*. Sirey, par J. B. S. et G. S. L.

Quoi qu'il en soit les paysans à qui on avait fait entre-voir le jour prochain où ils deviendraient propriétaires à leur tour, et sans rachat, se révoltèrent et les désordres, que nous avons rencontrés en 1789, recommencèrent et donnèrent lieu à une instruction des 13-19 juin 1791 où l'assemblée exprime ses regrets de n'avoir pas été comprise.

Elle blâme les habitants des campagnes, de s'être laissés entraîner dans des écarts auxquels les ont excités les ennemis même de la Révolution, et reproche amèrement à certains corps administratifs leur insouciance et leur faiblesse dans le recouvrement des droits de terrage, champart, cens ou autres dus à la nation. Ils ont ainsi « amené et multiplié les refus de payement de la part des redevables de l'Etat, et ont par l'influence d'un aussi funeste exemple propagé chez les redevables des particuliers, l'esprit d'insubordination, de cupidité et d'injustice ». Puis elle entre dans de grands détails sur la portée de ses décrets, explique le véritable sens qu'elle a entendu donner à certains articles notammemt à l'article 2 titre III du décret du 15 mars 1790 et édicte quelques mesures d'ordre, qu'elle espère du reste n'avoir jamais besoin d'appliquer.

Pour terminer l'œuvre de la Constituante, il nous reste un mot à dire des décrets du 18 décembre 1790 sur le rachat des rentes foncières et la locatairie perpétuelle, et du décret du 7 juin 1791 sur le bail à domaine congéable de la basse Bretagne.

Déjà en 1789, le 11 août, toutes les rentes foncières avaient été déclarées rachetables, le décret du 18 décembre 1790 règle les conditions du rachat, en maintenant bien entendu le principe de 1789. L'article premier de ce décret ne fait que reproduire l'article VI de celui de 1789, en ajoutant que de plus « il est défendu à l'avenir de créer aucune redevance foncière non remboursable, sans préjudice des baux à rente ou emphytéose, et non perpétuels, qui seront exécutés pour toute leur durée, et pourront être faits, à l'avenir, pour 99 ans et au dessous, ainsi que les baux à vie sur plusieurs têtes, à la charge qu'elles n'excéderont pas le nombre de trois ». Cet article très important déclare non seulement rachetables toutes les rentes foncières perpétuelles, quelles qu'elles soient, mais abolit aussi toutes les tenures perpétuelles. Quant au bail à locatairie perpétuelle, notre décret l'assimile entièrement au bail à rente foncière et soumet les droits du bailleur au rachat, sans distinguer entre la Provence et le Languedoc. C'est à ce moment que la Constituante commit une grosse erreur, due à Tronchet, en n'admettant pas qu'un droit réel de jouissance puisse être transmis par un bail à durée illimitée. Or en Languedoc, contrairement à ce qui se passait en Provence, la locatairie perpétuelle ne transférait pas au preneur la propriété, mais simplement un droit d'usufruit. Donc reconnaître le rachat dans cette province, c'était spolier le bailleur. Nous insistons sur cette dernière partie du décret, car, nous trouverons la même question soulevée à propos du bail à complant.

Quant au décret du 7 juin sur le bail à domaine congéable, qu'il nous suffise de dire que par ce décret ce bail fut reconnu licite et que des règles nouvelles lui furent données.

Le 30 septembre l'Assemblée Constituante se sépara pour faire place à l'Assemblée législative.

Cette assemblée par le décret des 25-28 août 1792, commença par changer ce que la Constituante avait fait dans le décret du 15 mars, en présumant que les droits soumis au rachat étaient l'effet d'une vieille usurpation féodale, par suite elle mit la preuve du contraire à la charge du créancier; dans l'ancien décret cette preuve était à la charge du débiteur; et elle déclare supprimés sans indemnité tous les droits seigneuriaux. « Tous les droits féodaux ou censuels utiles — lisons-nous dans l'article V — toutes les redevances seigneuriales annuelles en argent, grains, volailles, cire, denrées, ou fruits de la terre, servies sous la dénomination de cens, censives, surcens, capcasal, rentes seigneuriales et emphytéotiques, champart, tasque, terrage, arrage, agrier, *complant*, soété, dîmes inféodées, etc..., sont abolies sans indemnité, à moins qu'il ne soit justifié avoir pour cause une concession primitive de fonds, laquelle cause ne pourra être établie qu'autant qu'elle se trouvera clairement énoncée dans l'acte primordial d'inféodation, d'accensement ou de bail à cens qui devra être rapporté ». Ce décret introduisit donc la distinction entre les revenus fonciers entachés de féodalité et les revenus purement fonciers. Pour les premiers c'est l'abolition sans indemnité, on les présume, nous l'avons vu, être l'effet d'une vieille usurpation féodale, à moins que les créanciers de ces revenus ne fassent la preuve contraire, et ils ne pourront faire cette preuve qu'en rapportant l'acte primordial d'inféodation. Quant aux revenus purement fonciers, l'article XVII du décret les met à l'écart et ne les soumet pas à cette législation. « Ne sont point compris dans le présent décret les rentes, champarts et autres redevances qui ne tiennent point à la féodalité, et qui sont dus par des particuliers à des particuliers non seigneurs, ni possesseurs de fief ». Là, alors il faudra considérer non plus la nature du droit, mais la qualité du possesseur.

Relevons aussi dans les travaux de l'Assemblée législative un décret du 27 août 1792 qui supprima le bail à domaine congéable (1).

Vint alors la Convention. Cette assemblée, le 17 juillet 1793, en pleine Terreur, rendit le décret qui porta le dernier coup à la féodalité. « Toutes redevances ci-devant seigneuriales, droits féodaux censuels, fixes et casuels, même ceux conservés par le décret du 25 août dernier sont supprimés sans indemnité », dit l'art. premier. La Convention n'admet donc pas comme l'avait fait l'Assemblée législative, qu'on ait pu consentir des rede-

____

(1) Ce décret fut abrogé par la loi du 9 brumaire an II, qui le remet en vigueur, et laisse persister la loi du 8 juin 94.

vances seigneuriales comme condition d'une concession de fonds, même en présence du titre primitif.

Puis dans l'art. II, le décret ajoute « sont exceptées des dispositions de l'article précédent les rentes ou prestations purement foncières et non féodales ».

SECTION III

LE BAIL A COMPLANT A-T-IL ÉTÉ TOUCHÉ PAR CES LOIS ABOLITIVES

D'après cet exposé historique des lois abolitives de la Féodalité, nous voyons que notre bail à complant, tel que nous l'avons défini, rentre dans la catégorie des redevances qui ont été abolies sans indemnité, ou dans celles qui sont soumises au rachat. Mais rappelons-nous que pour traiter cette dernière question, il faut savoir si le preneur se voyait transférer la propriété, et ce n'est qu'en étudiant son droit que nous pourrons la résoudre. Pour le moment occupons-nous seulement de l'abolition du complant sans indemnité.

Sans revenir sur ce qui a déjà été dit, rappelons qu'aux termes du décret du 25 mars 1792, on trouve le complant cité parmi les redevances abolies, à moins, ajoute un article du même décret qui vient restreindre toute la portée du précédent, que l'on se trouve en face de redevances ne tenant point à la féodalité, et qui sont dues par des

particuliers à des particuliers non seigneurs, ni possesseurs de fief. Donc, quand l'on se trouvera en face d'un
complant ou autre redevance de cette nature, aucune
preuve à faire; le créancier de cette redevance sera main-
tenu dans ses droits; quand au contraire le créancier sera
un seigneur il faudra qu'il prouve, toujours aux termes du
décret du 25 mars 1792, qu'il tient ses droits d'une concession primitive de fonds et non d'une usurpation; il ne
pourra le faire qu'en rapportant l'acte d'inféodation; dans
ce cas alors, nous l'avons vu, il lui sera dû une indemnité.
Mais la loi du 17 juillet 1793 supprime ces distinctions,
toutes les redevances seigneuriales sont supprimées, peu
importe qu'elles aient été acquises par un acte de concession, ou par usurpation, ne restent debout que les droits
purement fonciers. Donc, si nous pouvons trouver des
complants purement fonciers, il nous faudra conclure à
leur maintien, les lois abolitives de la féodalité ne les ont
point touchés; si au contraire nous ne trouvons que des
complants féodaux, la loi de 1793, les abolit d'une façon
nette et précise.

Nous avons touché à cette question, dans nos notions
générales, et nous avons vu qu'il existait avant la révolution, deux espèces de baux à complant : les uns féodaux,
les autres fonciers; le plus souvent même d'après les
auteurs que nous avons cités, le droit à la redevance dont
jouissait le propriétaire dans notre bail à complant avait
un caractère purement foncier, et on reconnaissait ce
caractère foncier de la redevance, soit au titre dans le cas

où il s'en expliquait formellement, soit à la qualité de seigneur ou de roturier du créancier du complant, soit aussi
aux circonstances dans lesquelles la redevance était due.

Le titre, est-il besoin d'en parler, démontrait clairement
que la redevance était foncière ou féodale, quand dans son
texte il n'y avait aucun doute sur la nature de la redevance; et nous avons vu que dans ce cas, c'était plutôt à
l'allure générale du contrat qu'il fallait s'attacher qu'aux
mots employés. Pourtant il eut été imprudent de se servir
dans le corps du texte de certains mots pouvant faire
croire à un reste de féodalité, on aurait pu lui appliquer
la décision rendue par la Convention le 18 mai 1794, par
laquelle « toute redevance entachée originairement de la
plus légère marque de féodalité est supprimée sans indemnité ».

Plus difficile était le cas où le titre ne s'expliquait pas
formellement. A quoi reconnaissait-on un complant féodal
d'un complant purement foncier. Nous savons que Pothier
dans son traité des champarts (1) se préoccupait de l'héritage qui était chargé de la redevance; quand cet héritage n'était chargé d'aucun cens, et que le champart était
la première redevance dont il était chargé, cette redevance était considérée avoir été retenue sur l'héritage non
seulement comme un droit utile, mais encore comme un
droit récognitif de seigneurie. Quant au contraire l'héritage est déjà chargé d'un droit de cens, ce droit seul est

(1) Le passage a été cité plus haut. Voir page 19.

récognitif de seigneurie, et le champart représente dans
ce cas le revenu du fonds. Voilà donc encore un cas où il
était facile de distinguer un champart foncier d'un champart féodal. On se préoccupait des circonstances dans
lesquelles la redevance était due. Or, ce que nous disons
du champart peut s'appliquer au complant, puisque, nous
avons déjà eu l'occasion de le signaler, on rangeait les
complants dans la classe des champarts.

On reconnaissait également les deux espèces de
complant, suivant que la redevance était due à un seigneur ou à un roturier. Valin, que nous avons cité plus
haut, s'explique formellement à ce sujet. C'est du reste
l'application pure et simple des principes du droit féodal ;
comment comprendre en effet qu'une personne puisse se
réserver la seigneurie directe, si elle ne possède déjà
cette seigneurie.

Nous avons rencontré dans tout ceci les mots de seigneurie, directe seigneuriale, droit utile, il nous faut
pour éclairer notre sujet en dire quelques mots. Aux
temps de la Féodalité, les deux principales tenures étaient
le fief et la censive. « En vertu (1) de ces concessions,
dit M. Planiol, le propriétaire ou concédant, appelé seigneur conservait sa propriété, mais il ne « tenait » pas
sa terre ; l'autre, le vassal ou « tenancier » la tenait sans
en avoir la propriété. Il résultait de là, que deux personnes,

____

(1) Planiol. Droit civil. Tome 1. *Evolution historique de la propriété.*

le seigneur et son vassal, avaient en même temps et sur
la même terre les droits perpétuels de nature diffé-
rente. Primitivement le tenancier n'était pas propriétaire ;
la propriété restait aux mains du concédant, qui était le
véritable maître de la terre ; le tenancier n'avait qu'un
droit de jouissance sur la chose d'autrui. Mais peu à peu
à cause de l'étendue et de la perpétuité de son droit, on
s'habitua à considérer le tenancier comme étant, lui
aussi, propriétaire à sa manière, et on donna à sa tenure
le nom de propriété (dominium).

Cela faisait deux propriétaires pour une même chose
sans indivision entre eux ; leurs deux droits n'étant pas
de même nature. Pour les distinguer on appelait la propriété du seigneur « dominium directum », et celle du
vassal « dominium utile ».

Plus tard quand le droit du vassal se fut ainsi trans-
formé en propriété, celui du seigneur subit une transfor-
mation inverse. Le seigneur fut victime d'une sorte d'expropriation : on en vint à considérer le tenancier (vassal
ou censitaire) comme le seul vrai propriétaire, parce qu'il
avait tous les avantages réels de la propriété. Et la directe
seigneuriale n'apparut plus que comme une simple servitude, une charge sur la propriété d'autrui dont il serait
bon de débarrasser la terre ».

Mais revenons à notre sujet, et essayons de déterminer
exactement quels sont les complants qui ont été touchés
par les lois abolitives de la féodalité.

D'ores et déjà on pourrait dire en reprenant l'exposé de plus haut, que seront abolis sans indemnité :

1º Les complants qui dans le titre de concession seront entachés de féodalité ;

2º Les complants retenus sur un héritage, quand cet héritage ne sera chargé d'aucun cens.

3º Les complants dus au seigneur du fief dont dépendait la vigne.

Mais malheureusement cette façon de procéder n'est pas générale et nous trouvons des cas où l'on doit faire encore des distinctions, sans pouvoir dire de prime abord voilà un complant féodal, voilà un complant roturier ou simplement foncier.

Ainsi pour les complants dus à des seigneurs, nous avons vu qu'ils étaient abolis sans indemnité et pourtant nous trouvons dans les recueils de jurisprudence deux arrêts de la Cour de cassation dont l'un reconnaît à des redevances dues à un seigneur, le caractère foncier, et l'autre les leur refuse.

Le premier de ces arrêts fut rendu le 9 floréal an XV à propos des quarts, tiers ou demi-raisins usités dans les départements de la rive gauche du Rhin. Ces redevances appelées part-fruits à complant sont analogues à notre droit de complant. Elles étaient rangées dans l'article premier d'un décret du 9 vendémiaire an XIII rendu pour les départements de la rive gauche du Rhin, au nombre des redevances, qui d'après les statuts et usages du pays étaient présumées purement foncières. Puis dans ces

pays l'on vivait sous la maxime « Nul seigneur sans titre »
et la présomption de droit était pour l'allodialité; c'était
donc au censitaire à faire la preuve que la redevance était
d'origine féodale. Ce sont du reste les raisons données
par Merlin dans ses conclusions — raisons d'après lesquelles cet arrêt sera rendu — et après s'être efforcé de
démontrer que ces contrats sont translatifs de propriété, le
savant jurisconsulte ajoute « de ce que le preneur à moitié
ou tiers raisin est propriétaire des fonds grevés de ces
droits, il ne s'ensuit pas que ces droits sont féodaux. Pour
cela, il serait nécessaire qu'ils fussent le prix d'une concession par laquelle le seigneur en qui résidait le plein
domaine du fonds en eût aliéné le domaine utile en s'en
réservant la seigneurie directe. Or on sait qu'en pays
allodial un pareil genre de concession ne se présume pas,
qu'il faut le prouver. Et au contraire, l'auteur de la concession pouvait très bien ne s'être pas réservé la seigneurie directe proprement dite, mais seulement ce que les
lois romaines qui ne connaissaient ni fiefs, ni seigneuries,
appelaient *dominium directum*. Le bailleur pouvait avoir
concédé à bail emphytéotique perpétuel et non par bail à
cens seigneurial ». Puis comme la Cour d'appel de Trèves
avait déjà constaté d'après les actes fournis par les parties,
que la personne qui donnait des vignes à complant fût-
elle, seigneur ou roturier, se réservait le droit de résiliation
dans le cas de négligence de la culture des vignes par le
colon, Merlin en concluait que ces droits étaient constitués par bail emphytéotique. Il trouve à l'appui de ces

théories un ouvrage de Jean Ulrich baron de Cramer intitulé : *Une heure de loisir de Jurisprudence de la chambre impériale de Wetzlaar* (1), dans lequel il est dit en effet : « La preuve que les dits biens à tiers raisins doivent être considérés comme des baux emphytéotiques, plutôt que comme des censives, c'est que si le cultivateur néglige de livrer le tiers raisins au propriétaire pendant quelques années de suite, ou s'il ne cultive pas les vignes suivant l'usage du pays, mais les laisse dépérir, ou s'il les plante de légumes ou autres productions, il peut selon l'usage de Trèves, après un triple avertissement, être évincé des vignes à tiers-fruits que le maître du tiers peut cultiver ensuite lui-même ou concéder à d'autres moyennant le tiers raisin, ce qui n'a pas lieu pour les censives dans le cas même où le cens ne serait pas payé pendant mille ans ». Vu toutes ces allégations de Merlin, la Cour de cassation jugea dans ce sens et conclut à ce que la qualité purement foncière des redevances fut admise même quand elles étaient dues à des seigneurs, car dans le cas présent on se trouvait dans un pays d'allodialité.

Autre est l'arrêt rendu par cette même Cour de Cassation le 10 octobre 1808 (2), dans une affaire analogue. Les preneurs à complant d'une vigne située dans le ressort de la coutume de La Rochelle refusaient de payer la redevance soutenant qu'elle était féodale, et que la loi du

______

(1) Beucher. *Bail à complant en Maine-et-Loire.*
(2) S., 9, 1., 119, Cour de cassation, rejet, 11 oct. 1808.

17 juillet 1793 l'avait abolie ; l'affaire fut portée devant le tribunal de La Rochelle qui ordonna le payement de la redevance ; les bailleurs avaient soutenu que la redevance était due, car les preneurs ne pouvaient être considérés comme propriétaires, mais comme simples possesseurs précaires. Ne mélangeons point ces deux questions, et, revenons à notre procès, que les preneurs portèrent devant la cour d'appel de Poitiers. Cette cour décida (1), que le tribunal avait mal jugé s'appuyant sur ce que, d'après les principes de la coutume de La Rochelle, quand il s'agit d'un bail à complant consenti par le seigneur il y avait translation de propriété ; que les clauses de commise et de rentrée en possession, stipulées au bail à complant n'en changent point la nature ; qu'elles ne sont que de véritables clauses résolutoires, qui n'ont pu empêcher le transport du domaine utile et de la propriété ; que le bailleur ne pouvant rentrer en possession, ni par son fait ni à son gré, ne peut être assimilé ni au bailleur à convenant, ni au bailleur à emphytéose, et qu'enfin le complant à défaut de cens en était lieu et était récognitif de la directe seigneuriale. Dès lors la cause est portée devant la Cour de Cassation, et Merlin que nous avons vu dans l'affaire précédente conclure au payement de la redevance même quand elle est due à un seigneur, discute cette fois pour l'abolition de cette même redevance due également à un seigneur ; et après avoir montré, dans ses conclusions, que le complant

____

(1) Arrêt de la Cour de Poitiers, le 18 avril 1806.

dù à un seigneur à titre de cens était entaché de féodalité (1), fait la remarque suivante que « la coutume de La
Rochelle est une de celles, où avant l'abolition de la féodalité la règle « nulle terre sans seigneur » exerçait tout
son empire ; dans les coutumes de cette classe le seigneur
qui concédait à complant, à champart, à rente foncière
quelconque, était toujours présumé retenir la directe ;
par suite toute rente foncière due dans ces coutumes à un
ci-devant seigneur, était présumée seigneuriale jusqu'à la
preuve du contraire ».

Le jugement du tribunal de La Rochelle fut cassé ; la
redevance fut abolie sans indemnité.

Donc, dans les cas où un droit de complant était dû à
un seigneur, il ne s'en suivait pas forcément que ce droit
tombait sous le coup de la loi du 17 juillet 1793 ; dans ce
cas, le pays dans lequel on se trouvait jouait un grand
rôle, et la jurisprudence que nous venons de citer basait
ses décisions sur une simple présomption qui variait suivant que l'on était en pays de « nulle terre sans seigneur »
ou de « nul seigneur sans titre ». Dans le premier cas
alors, il faut prouver que la redevance n'est pas féodale,
car elle est présumée l'être ; dans le second au contraire,
il faudra en prouver le caractère féodal, car elle est présumée foncière.

Voilà donc encore un moyen de reconnaître un com-

____

(1) Voyez page 18.

plant féodal d'un complant roturier ou simplement foncier pour voir ceux que la loi de 93 a abolis, ou respectés.

Cependant la loi du 17 juillet 1793, ne respecte que les redevances purement foncières ; or, il pouvait se faire qu'un droit de complant ait été réservé par le seigneur à titre de redevance foncière, mais additionnellement à un cens stipulé par l'acte de concession. Nous avons trouvé ce cas exposé dans Pothier, à propos du champart, et cet auteur nous dit que dans cette circonstance, le cens est censé être la première redevance et la redevance seigneuriale, « c'est de la nature du cens d'être récognitif de seigneurie », dit il. Donc, d'après lui, le champart constitué de cette façon ne serait qu'une simple redevance foncière, et ne tomberait pas sous le coup de la loi abolitive. Pourtant nous trouvons des cas où cette redevance sera abolie, et ce que nous dirons du champart, nous l'appliquerons au complant. La loi de 1793 en effet est formelle, elle n'excepte de l'abolition que les redevances purement foncières ; donc celles qui, bien que foncières, sont mélangées de féodalité doivent tomber, tout comme les autres qui sont féodales. Que faut-il donc alors pour qu'une redevance soit purement foncière, ou mieux ne soit pas mélangée de féodalité.

Merlin (1) va nous répondre : « Pour que la suppression du cens emporte la suppression du champart, il faut — dit cet auteur — que le champart et le cens aient été consti-

(1) Merlin. *Répertoire*, au mot « champart ».

tués par le même acte, il faut qu'ils aient été le prix d'une même concession de fonds ». Puis dans Dalloz (1) nous trouvons la même idée exposée à propos des rentes mélangées de féodalité. « L'annulation d'une rente purement foncière, lorsqu'elle se trouve renfermée dans le titre constitutif d'une rente féodale ou de droits seigneuriaux, est depuis longtemps devenue un point incontestable dans la jurisprudence du Conseil d'Etat et celle de la Cour suprême ».

D'ailleurs, comment pourrait-il en être autrement. N'avons-nous pas un décret du 9 vendémiaire an XIII, où nous trouvons ces mots qui à eux seuls ont fourni le principal argument à Merlin dans la soutenance de cette thèse : « sera considérée — dit l'article 5 de ce décret — comme preuve de l'abolition d'une redevance pour cause de mélange de féodalité, 1° le titre constitutif par lequel le même immeuble se trouve grevé au profit du même seigneur, de redevances reconnues foncières et de redevances reconnues féodales », puis l'article 6 ajoute « ne sera point admissible comme preuve de mélange de féodalité, un titre récognitif dans lequel les redevances féodales se trouveront énoncées distinctement et séparément sans qu'il y ait de liaison entre l'une et l'autre énonciation ».

Donc, en raisonnant sur le complant, et en appliquant à ce droit, les conclusions que nous tirons de ces diffé-

(1) Dalloz. *Répertoire de Jurisprudence*, au mot de « Féodalité ». § 6 « Rentes mélangées de féodalité ».

rents passages à propos des redevances foncières mélangées de féodalité, nous dirons que devra être aboli par la loi de 1793, le complant créé par un acte de concession de fonds qui contenait en même temps stipulation de cens et de redevances seigneuriales, et quand ce complant aura été constitué simultanément et par le même acte.

A côté de ces redevances mélangées de féodalité, nous trouvons un cas bien voisin. C'est celui où une redevance féodale dans le passé, est devenue purement foncière, et par conséquent étrangère à la loi de 1793 : ce cas se produisait, quand la redevance, anciennement féodale, avait été « arroturée ».

Comment d'abord une redevance pouvait-elle être arroturée ? Il y avait arroturement, quand la redevance était aliénée par un seigneur sous réserve de la directe et sans aucun transport à l'acquéreur des prérogatives féodales. C'est ce que nous dit Merlin (1) : « Lorsqu'un seigneur en aliénant son droit de cens se réservait la directe sur les héritages qui la devaient, ce cens devenait par là même, à l'égard des redevables, une prestation purement foncière, et que conséquemment un droit de cens ainsi aliéné avant 1789, ne serait pas aujourd'hui supprimé. Or, s'il en était ainsi d'un droit de cens, à plus forte raison devait-il en être de même d'un champart, surtout s'il ne tenait pas lieu de cens ». Il n'y avait donc entre le

(1) Merlin. *Répertoire*. Mot « Champart ».

débiteur de la redevance et l'acquéreur de cette redevance aucune relation féodale.

Cependant, il convient dans ce cas de mentionner les distinctions de la jurisprudence, distinctions auxquelles Merlin fait allusion dans le passage précité « et que conséquemment un droit de cens aliéné avant 1789 ».

Ainsi il a été jugé, qu'une rente ou redevance féodale, dans son principe, mais arroturée avant l'abolition de la féodalité par la vente, qui, en a été faite par le seigneur à un simple particulier, doit être réputée purement foncière et comme telle maintenue (1).

Les lois abolitives de la féodalité n'ont voulu supprimer que les prestations féodales, et non celles qui au moment de la suppression, ne tenaient plus à la féodalité, et étaient dues par des particuliers à des particuliers non seigneurs, ni possesseurs de fiefs. Ainsi le droit de quart qui, avant la loi du 4 août 1789, avait été cédé régulièrement et de bonne foi, et avait été détaché du fief par le vendeur, qui s'était réservé sur les fonds qui en étaient grevés le fief et le droit de censive, doit être considéré comme purement foncier dans les mains de l'acquéreur, et n'a conséquemment pas été aboli (2).

Il en est de même d'un droit de terrage, quoique noble

_____

(1) 21 juillet 1811. Civ. c. Cardier. D. P. § 11., 1. 494.
(2) 10 niv. an XIV. Civ. c. Sezée. D. A. 8. 506. D. P. 6. 1. 121. Voir dans Beucher, page 59, note 2, les détails de l'affaire, d'après Merlin.

et féodal dans son origine, s'il avait été aliéné avant la Révolution, sous réserve de la directe réserve qui devenait entre les mains de l'acquéreur une simple rente foncière (1).

Mais si une rente seigneuriale, n'avait été aliénée par le seigneur que postérieurement aux lois du 4 août 1789, elle avait conservé son caractère de féodalité, qui entraîne l'abolition (2).

Donc en faisant au complant les mêmes applications qu'au terrage et au champart — et nous savons que nous en avons le droit (3) — nous distinguerons, pour savoir si un complant a été aboli par la loi de 1793, un complant autrefois féodal, mais arroturé, et pour que ce complant arroturé ne tombe pas sous le coup de la loi, il faudra que l'arroturement, d'après la jurisprudence, soit antérieur à la chute du régime féodal, c'est-à-dire au 4 août 1789.

D'après tout ce qui vient d'être dit, nous pouvons donc conclure, que les complants purement fonciers n'ont pas été abolis par la loi de 1793 ; seuls les complants féodaux ont sombré au milieu des réformes révolutionnaires, et un complant sera féodal, pouvons-nous dire maintenant, quand, en reprenant ce que nous avons déjà mentionné :

1° Le titre de concession sera entaché de féodalité ;

(1) 7 juillet 1807. Civ. c. Malapert. D. A. 8.306. D. P. 7. 2. 115.

(2) 2 mars 1807. Civ. R. Joly. D. A. 8.307. D. P. 2.282 et 7. 1.173.

(3) En outre, les arrêts de la cour de cassation en date du 10 nivôse an XIV, ont trait à un devoir de quart sur les vignes.

2° Il sera retenu sur un héritage et que cet héritage ne sera chargé d'aucun cens;

3° Il sera dû au seigneur du fief dont dépendait la vigne.

Puis en ajoutant les différentes distinctions, que nous avons rencontrées dans la suite, à propos des complants dus à des seigneurs par exemple, nous nous attacherons aux différentes maximes qui régissent le pays dans lequel nous nous trouverons. Nous nous rappelons en effet, qu'il existait deux maximes : « Nulle terre sans seigneur », « Nul seigneur sans titre », régissant les différents pays, et que la preuve de la féodalité variait, suivant que l'on se trouvait gouverné par l'une ou par l'autre.

Quant aux complants mélangés de féodalité, ne seront abolis, que ceux qui auront été constitués additionnelle- ment à un cens, mais par le même acte de concession, et ceux qui auront été arroturés après la loi du 4 août 1789.

Rappelons-nous maintenant ce que nous avions déjà dit plus haut, et de cette autre question que soulèvent les lois abolitives. — Si certaines redevances ne sont point abo- lies au moins sont-elles soumises au rachat? — Or, nous avions vu que ces deux questions étaient intimement liées et dépendaient toutes les deux de l'opinion que l'on doit se faire sur cette autre question, qui sera tranchée quand nous étudierons le caractère juridique du droit du preneur. — Les baux à complant transfèrent-ils la pro- priété au preneur? — et disons de suite que dans les pays où le complant ne transfère pas la propriété au pre-

neur, la question de la féodalité et celle du rachat ne
peuvent se poser; dans ce cas, en effet, nous nous trouvons en présence d'un bail, ce n'est plus un contrat féodal, avec transfert du domaine utile et rétention de la
directe par le seigneur. Mais dans les pays où le complant
transfère la propriété, nous devrons appliquer les principes qui ressortent de nos précédentes discussions.

Or, dans le département de la Loire-Inférieure, où ce
bail est plus usité que partout ailleurs dans l'ouest de la
France, la question ne se pose pas. Nous avons en effet
à l'appui de cette assertion un avis du Conseil d'État de
thermidor an VIII (1) qui nous dit que « la loi du 17 juillet 1893 portant suppression, sans indemnité, des redevances seigneuriales et féodales, n'est pas applicable aux
baux à complant ou baux de vignes à portion de fruits,
usités dans le département de la Loire-Inférieure ». Mais
que résoudre pour les autres départements.

Le Conseil d'État ayant été saisi de cette question pour
la Vendée et le Maine-et-Loire, répondit par un arrêté du
21 ventôse, 23 messidor, an X, que l'on appliquerait à
ces départements l'arrêté de l'an VIII, partout où la convention de complant ne porte pas abandon de la propriété
par le bailleur au profit du preneur. Cet arrêté faisait
certainement allusion au passage de l'avis de l'an VIII,
ainsi conçu : « Considérant aussi que la tenure dont il

____

(1) Cet avis sera mentionné dans la question du transfert de la
propriété au colon. Voir plus haut, page 98.

s'agit rentre dans l'espèce de celle connue sous le nom de
tenure convenancière ou à domaine congéable, usitée
dans plusieurs départements formés par la ci-devant Bretagne, et que les bailleurs des biens concédés à ce titre,
ont été maintenus dans la propriété de ces biens par
décrets de l'Assemblée Constituante des 30 mai, 1er, 6 et
7 juin 1791, confirmés par la loi du 9 brumaire an VI, est
d'avis qu'il n'est pas nécessaire de recourir au législateur
pour maintenir ou conserver dans la main des bailleurs
ou de leurs héritiers, ou représentants, la propriété des
biens concédés, sous le titre de bail à complant dans le
département de la Loire-Inférieure ; que la portion de
fruits que s'y sont réservée les bailleurs, doit leur être
payée sans difficulté par les preneurs, lesquels ne peuvent
forcer les bailleurs d'en recevoir le rachat, et qu'enfin le
Ministre des Finances doit prescrire à la régie de l'enregistrement, de se conformer à ces principes relativement aux
redevances de cette nature qui appartiennent à la nation ».
D'où nous concluons, qu'en appliquant cet arrêté tel qu'il
est rédigé, nous sommes amenés à dire que dans ces
autres départements seront maintenus les baux à complant
qui ne transfèrent pas la propriété, car ces baux n'ont
pas le caractère féodal ; tandis que seront supprimés, les
baux à complant ayant ce caractère, car il entraîne le
transfert de la propriété, donc l'arrêté de l'an X ne leur
est pas applicable ; c'est du reste ce que nous avons vu
en étudiant le caractère féodal du bail à complant ; tout
contrat féodal suppose le transport du domaine utile sur

la tête du preneur. En ce sens, M. Beucher dans son étude
sur le bail à complant, cite un jugement du tribunal de
Cholet du 28 mai 1897 (1), qui, pour démontrer que les
preneurs sont propriétaires, s'exprime ainsi : « Attendu
que cette solution va se dégager plus rigoureusement
encore du jeu des principes en matière de droit féodal ;
qu'il est essentiel à cet égard de noter que le bail en question n'est pas intervenu entre deux particuliers non seigneurs, mais que ce contrat que le demandeur invoque
sans l'établir aurait été passé si l'on s'en rapporte à ses
propres allégations entre un vassal et le ci-devant seigneur
du bas Plessis. Attendu dans ce cas qu'il est de principe
que si le champart ou le complant qui n'est qu'une sorte
de champart, constitue la seule redevance dont l'héritage
soit chargé, ils tiennent lieu de cens, et deviennent par là
même récognitifs de seigneurie : conséquence inévitable
sinon dans les pays de franc alleu où s'applique la maxime
« nul seigneur sans titre », du moins dans les pays
comme l'Anjou, régis au contraire par la maxime « nulle
terre sans seigneur » ; que par suite, une redevance de
cette nature entraînerait inévitablement le démembrement
de la propriété en domaine direct et en domaine utile,
démembrement qui était l'essence même du régime féodal ;
que conformément à cette règle qui n'a jamais été contestée dans l'ancien droit, le décret de la Convention nationale du 6 messidor an II, a même établi sur ce point

(1) Beucher, *Bail à complant en Maine-et-Loire*, p. 62 et 63.

une présomption légale, et que les avis du Conseil d'État précités applicables seulement au complant ordinaire, mais non au complant seigneurial, n'ont porté aucune atteinte aux dispositions de ce décret ».

Si l'on analyse ce jugement, il en ressort ceci : que le tribunal, pour démontrer que le complant en Maine-et-Loire est translatif de propriété, s'appuie sur ce principe, que puisque ce bail dans le cas prescrit est intervenu entre un particulier et un seigneur, la redevance dont l'héritage est chargée était récognitive de seigneurie, — nous connaissons ce cas, et nous l'avons mentionné plus haut. — Etant récognitive de seigneurie, cette redevance entraîne le démembrement de la propriété, en domaine direct et domaine utile. Nous savons également que ce démembrement est de l'essence même de tout contrat féodal, et que le vassal, par suite de ce démembrement, était considéré comme seul vrai propriétaire du fond concédé, et avait tous les avantages réels de la propriété. Que donc, les avis du Conseil d'État ne peuvent être appliqués dans le cas prescrit, puisqu'on est en face d'un contrat féodal qui amène le transfert de la propriété. Ces avis ne concernent que les complants ordinaires.

Donc, si l'on interprétait à la lettre ces différents avis du Conseil d'État, il nous faudrait conclure qu'ils distinguaient les complants fonciers et les complants féodaux, et nous serions forcés de raisonner d'après les principes qui nous sont déjà connus.

Pourtant dans l'avis de thermidor an VIII, trouvons-

nous cette distinction? Non, cet avis, nous l'avons vu,
débute ainsi : « la loi du 17 juillet 1793 portant suppression... etc., n'est pas applicable aux baux à complant
usités en Loire-Inférieure », rien dans tout cela ne dénote
une distinction entre les deux espèces de complants. Peut-
être du reste les vise-t-il tous les deux? En effet, que fait
le premier de ces avis, il assimile le bail à complant au
bail à convenant ou à domaine congéable. Or, dans
l'exposé historique des lois abolitives de la féodalité, nous
avons trouvé des lois qui ont supprimé le bail à domaine
congéable comme entaché de féodalité (1), et une autre du
9 brumaire an VI, qui le remet en vigueur, ou plutôt qui
lui applique à nouveau la loi de 1791 qui en reconnaissait la validité. Donc ce qui est dit pour le bail à domaine
congéable, doit également être dit pour le bail à complant
et du moment que la dernière loi reconnaît la validité d'un
bail à domaine congéable même féodal, car là, la loi
ne distingue pas, on peut en dire autant du bail à complant même féodal, puisque l'avis du Conseil d'État de
thermidor an VIII met ces deux tenures sur une même
ligne.

Mais se dresse alors une objection, venant des principes
mêmes que nous avons émis. Si on refuse l'application de
l'avis de l'an VIII au complant féodal sur ce simple caractère, ce caractère doit cependant la lui faire refuser indi-
rectement, car cet avis n'est applicable qu'au complant,

____

(1) Lois des 27 août 1792 et 29 floréal, an VI.

qui, ainsi que ceux de la Loire-Inférieure ne transfèrent pas la propriété au preneur; or, ceux qui sont féodaux la transfèrent, puisque c'est de l'essence de tout contrat féodal de transférer le domaine utile; il nous semble que c'est aller un peu loin que d'admettre une semblable théorie. Il est certain que dans un contrat féodal, quand il y avait transfert de la propriété, il y avait aussi transfert du domaine utile, mais est-ce qu'il y avait forcément transfert de la propriété? Si cette dernière assertion est vraie, nous devions admettre que l'avis du Conseil d'État est refusé à tout contrat féodal, sinon, c'est la question du transfert de la propriété qui décidera. Or peut-on trouver des contrats féodaux, qui, tout en transférant le domaine utile, ne transfèrent pas par là même la propriété? Il est certain que la plupart du temps, le transfert du domaine utile entraîne celui de la propriété, mais de l'avis de tous les auteurs, ce transfert de la propriété n'est pas une condition essentielle du contrat féodal.

On peut trouver des constitutions de fief, qui consistent soit dans la transmission du domaine absolu, d'autres dans une jouissance purement temporaire, ou même dans une simple attribution de revenus (1). Donc la transmission de la propriété n'était pas nécessaire pour donner naissance à un contrat féodal, et si nous trouvons des baux à complant non translatifs de propriété, peu importe qu'ils soient féodaux ou non, les lois de la Révolution ne

(1) Beacher, *Bail à complant en Maine-et-Loire.*

les ont point atteints, et les arrêtés du Conseil d'État pourront leur être appliqués.

Quelle a été en effet le but des lois abolitives de la féodalité? Ces lois ne demandaient qu'a faire disparaître les servitudes qui grevaient les propriétaires, servitudes qui existaient sous la dénomination de redevances, mot que nous avons rencontré si souvent. Les redevances purement foncières étaient soumises au rachat, les autres étaient abolies sans indemnité, mais rien dans tout cela ne prouve que ces mêmes lois voulaient aussi abolir tous les droits féodaux quels qu'ils soient, elles ne voulaient atteindre que ceux qui avaient transmis la propriété au vassal, par la force même de l'évolution en matière de propriété, et affranchir les propriétaires, anciens vassaux, du payement des redevances féodales. Or, le bail à complant ne consiste pas seulement en une redevance, ce contrat fait naître d'autres obligations, et dans le cas où le fonds est resté au bailleur, pourquoi abolirait-on cette redevance? Si cette redevance est abolie, c'est la résiliation du bail qui sera prononcée, et de quel droit peut-on résilier ce bail? Les auteurs des lois révolutionnaires n'ont jamais entendu arriver à ce résultat, car en le faisant, elles auraient lésé et le bailleur et le colon. Il est vrai qu'elles auraient pu rendre propriétaire le colon, mais quelle injustice pour le propriétaire. Ce n'était du reste pas leur intention, puisque nous le savons, elles ne voulaient qu'affranchir la propriété déjà existante de

certaines charges, mais non pas créer une nouvelle propriété au profit de gens qui n'y avaient aucun droit.

Ce n'est donc pas une raison parce qu'un bail à complant sera féodal, qu'il devra forcément être aboli par la
loi du 17 juillet 1793. Pour qu'il soit aboli, il faudra de
plus, qu'il entraîne le transfert de la propriété. En Loire-
Inférieure, ces baux, dit l'avis de thermidor an VIII, n'entraînent pas ce transfert, ils sont donc maintenus ; mais
l'avis ne dit pas que dans ce département ces baux n'é-
taient point féodaux. Dans les autres départements nous
appliquerons la même règle. Si nous trouvons des complants translatifs de propriété, ils devront être abolis, ou
déclarés rachetables, si la redevance est purement foncière ; s'ils ne sont pas translatifs, et quoique féodaux,
ils seront maintenus, car le caractère féodal, entraînant
le transfert du domaine utile sur la tête du colon, ne lui
donne pas forcément droit à la propriété, et nous retom-
berons alors dans les cas prévus pour la Loire-Inférieure.

Du reste, pour en finir avec cette discussion, remarquons que pour le bail à domaine congéable, les choses
se passaient exactement de la même façon. De ces baux
il y en avait de féodaux, ils ont cependant été maintenus,
bien que ne transférant pas la propriété. Or l'avis de
thermidor an VIII assimile les baux à complant aux
baux à domaine congéable, il n'est donc pas étonnant de
voir des baux à complant maintenus quoique féodaux,
quand ils n'entraînent pas le transfert de la propriété.

Quant à la question du rachat, on peut dire, sans

entrer dans la discussion du transfert de la propriété, que les redevances y seront soumises, quand le complant opérera ce transfert. Dans le cas contraire cette question ne peut se poser.

CHAPITRE III

ÉTUDE ANALYTIQUE DU BAIL A COMPLANT

Section I. — Objet du contrat.
Section II. — Obligations du bailleur.
Section III. — Obligations du preneur.
Section IV. — Sanction des obligations du preneur.

Avant d'aborder l'étude de la nature juridique des droits
du preneur et du bailleur, il nous faut connaître quelle est
exactement la situation du bailleur et du preneur respec-
tivement l'un à l'autre dans notre contrat, quelles sont
leurs obligations réciproques, et les droits qui leur sont
conférés. Ces différentes choses connues, la nature juridique du droit du preneur se déterminera plus facilement.

Le bail à complant avons-nous vu met en rapport deux
personnes, le bailleur qui concède une quantité de terrain
à un colon, le colon qui s'engage à planter cette portion
de terrain qui lui est concédée.

Une première question se pose alors. Quelle sera la
chose que devra planter le colon ?

SECTION PREMIÈRE

OBJET DU CONTRAT

A l'heure actuelle, le bail à complant n'est plus guère usité que dans les départements de l'ouest de la France. Nous avons vu qu'il existait surtout en Loire-Inférieure et dans certains cantons du Maine-et-Loire, de la Vendée et de la Charente-Inférieure, et dans ces régions la culture qui est soumise au complant est celle de la vigne. Donc on pourrait dire déjà que l'objet du contrat, la chose qui devra être plantée par le colon, ce sera de la vigne.

Mais ne pourrait-on pas comprendre un bail à complant qui aurait pour objet une autre culture? Des arbres fruitiers par exemple. Il est certain qu'en se plaçant à un point de vue très général, le complant se comprendrait tout aussi bien pour cette sorte de culture que pour celle de la vigne. La redevance consiste en une portion de fruits, pourquoi cette portion ne pourrait-elle pas porter sur des poires, des pommes, olives ou autres sortes de fruits, aussi bien que sur des raisins. Du reste, dans les définitions que nous avons citées au début de cette étude, nous en avons trouvé certaines qui parlaient « d'un champ dont on a concédé la jouissance à quelqu'un à la charge d'y planter des arbres »; il est vrai que la plupart spécifiaient ce qui devait être planté, et toujours c'était de la vigne. Puis dans les autres pays, autres que ceux de

l'ouest de la France, on trouve des complanteries d'oliviers, aux environs de Toulouse par exemple, mais ces
contrats sont-ils bien de la même nature que notre bail à
complant, nous ne le rechercherons pas.

En Tunisie, nous trouvons pratiqué sur une grande
échelle, le bail à complant, pour la plantation d'oliviers.
Un propriétaire qui veut planter des arbres de cette
espèce s'adresse à un colon, qui plante et soigne en bon
père de famille, les jeunes oliviers jusqu'à ce qu'ils
donnent des fruits. Puis le terrain appartient par indivis
au propriétaire et au colon, mais comme en droit musulman, on trouve la même règle que dans notre législation :
« Nul n'est tenu de rester dans l'indivision », il arrive
qu'au bout d'un certain temps, qui généralement est de
dix ans, le terrain est partagé par moitié, et chaque partie
devient propriétaire d'une moitié. C'est ce genre de bail
à complant que nous avons trouvé en étudiant les origines
historiques de notre contrat, et que nous retrouverons
plus tard usité en Berry (1).

Ce qui est certain pour nous, c'est que dans l'ouest, la
vigne seule fait l'objet de ces contrats. Du reste, d'après
les origines de notre contrat, nous savons qu'il a été créé
pour mettre en culture des terres en friche. Or rien autre
mieux que la vigne ne pouvait convenir à ce genre de
tenure. Il est prouvé en effet que dans ces régions, le
terrain est apte à la production du raisin, et comme les

(1) M. Houdas. *Droit musulman.*

différents propriétaires qui concédaient leur terrain à complant, ne cherchaient qu'à augmenter leur revenu, ils n'étaient point déçus dans leurs espérances, puisque de tous les produits de la terre, le vin est un de ceux qui procure les plus grands bénéfices. Il n'est donc pas étonnant que seule la vigne, dans ces provinces, fasse encore de nos jours l'objet du bail à complant.

Le colon devra donc planter en vignes le terrain concédé. Quelles seront alors les différentes obligations auxquelles seront soumis et le propriétaire et le colon?

SECTION II

OBLIGATIONS DU BAILLEUR

Sans nous occuper du parti, que nous prendrons sur le caractère translatif de propriété ou non du bail à complant, nous devons pour traiter la question faire les distinctions suivantes :

S'agit-il comme en Loire-Inférieure d'un bail à complant non translatif de propriété, il nous faudra appliquer les règles prescrites par le Code civil dans un bail à ferme ordinaire.

S'agit-il au contraire d'un bail à complant translatif de propriété nous copierons les articles du code relatifs à la vente; nous verrons en effet que là il y a véritable vente dont le prix consiste en une redevance annuelle en nature, en une rente.

Prenons le cas le plus généralement pratiqué, le bail à complant tel qu'il existe en Loire-Inférieure, le bail à complant non translatif de propriété. A quelles obligations est tenu le bailleur ?

Comme dans tous les autres baux, la base des obligations du bailleur à complant est de procurer au complanteur la jouissance des lieux loués, c'est-à-dire du terrain concédé; donc soit que ce terrain concédé soit encore en friche, à charge pour le colon de le planter en vigne, soit qu'il soit déjà planté, le bailleur est tenu à la délivrance, qui se fera comme dans les baux ordinaires, au jour fixé par le contrat, ou par l'usage des lieux pour l'entrée en jouissance. (Art. 1719, al. 1er, C. c.). Le bailleur doit-il aussi garantir la contenance énoncée au contrat, et dans le cas où la contenance réelle du terrain ne serait pas la même que celle indiquée par lui, peut-on appliquer les articles correspondants de la vente (art. 1617 à 1623 du C. c.) comme on le fait pour le louage ? Comme dans notre bail à complant on ne concède jamais un terrain à raison de tant la mesure, les articles 1617 et 1618 ne peuvent trouver leur application ici, mais comme toujours le contrat est consenti moyennant une redevance fixe, qui est du tiers, des trois quarts ou de la moitié de la récolte il semble que l'article 1619 doit être appliqué ainsi que les articles 1620 et 1621. Remarquons toutefois que ces sortes de contestations ne se produisent à peu près jamais, elles sont déjà fort rares dans la vente et dans le louage par suite des clauses-notariées qui sont insérées dans les actes, et qui sont devenues de style, à plus forte raison ne se produiront-elles pas dans notre bail à complant, car l'erreur ne sera jamais très considérable, et il importera peu au colon de payer soit un tiers, soit un quart, ou la moitié de la récolte d'un vignoble, qui a une contenance d'un vingtième en plus ou en moins, que celle qu'il devait avoir ; du reste est-ce bien tout à fait le cas prévu par les articles 1617 et suivants, et le colon pourrait-il se dire lésé de l'erreur de la contenance, il est bien peu probable qu'il puisse soutenir une semblable prétention, car, que l'erreur ait lieu en plus ou en moins, la redevance qu'il payera sera toujours proportionnée à la part qui lui revient ; si l'erreur est en moins, sa part sera plus faible, mais la redevance qu'il payera au propriétaire sera également plus faible, si l'erreur est en plus, la redevance due sera plus forte, mais il touchera aussi des bénéfices plus considérables, et dans ces conditions on ne peut guère sur ce point argumenter des articles de la vente.

Le bailleur doit aussi s'abstenir de tout fait pouvant troubler son colon, et le garantir de tous les troubles que les tiers peuvent apporter dans sa jouissance ; si donc le complanteur est inquiété par une personne qui se prétend des droits sur l'immeuble, il devra en avertir le bailleur qui est tenu de faire cesser cet état de choses incompatible, avec la jouissance paisible, à laquelle a droit le colon.

C'est à lui également qu'incombe le soin de réparer et

d'entretenir les chemins d'exploitation, et de payer les contributions assises sur le fonds (1).

Là se bornent les obligations du bailleur, et si, dans certains baux on trouve certaines clauses où il est dit que le bailleur fera certains travaux de défonçage et de labourage, ce n'est pas en vertu du bail à complant qu'il est tenu, mais par les conventions qu'il a consenties avec son colon.

Dans le cas où le bail à complant est translatif de propriété, il faut appliquer les principes édictés dans notre législation à propos de la vente, car dans ce cas le bailleur transfère la propriété au preneur, sous condition résolutoire, il est vrai, car cette propriété serait résolue et ferait retour sur sa tête dans le cas où le preneur ne cultiverait pas en bon père de famille, mais le transfert existe, il y a donc vente et le prix consiste en une redevance annuelle en nature.

Le vendeur, c'est-à-dire notre bailleur, est donc comme précédemment tenu à la délivrance dans le temps convenu au contrat; il doit aussi garantir la contenance du terrain, bien que dans ce cas nous répéterons ce que nous avons fait remarquer pour le bail à complant non translatif de propriété, que les articles 1618 à 1623 du Code civil ne trouveront guère leur application en la matière vu le caractère particulier du bail à complant; à propos de la délivrance, nous n'hésiterons pas à permettre au bailleur de s'y refuser quand le colon est tombé en faillite ou en

____

(1) Sibille. *Us. et Cout. de la Loire-Inférieure*. Décl. du T. de Nantes, 4 niv. an VIII.

déconfiture depuis la vente (art. 1613 du C. c.); en tout
autre cas, il sera tenu de cette obligation, l'article 1612
du Code civil ne peut en effet trouver place dans notre
contrat : « Le vendeur n'est pas tenu de délivrer la chose,
si l'acheteur n'en paye pas le prix et que le vendeur ne
lui ait pas accordé un délai pour le payement. » Le bailleur doit donc délivrer la chose, et si le colon ne lui paye
pas la redevance convenue, il n'a d'autres ressources que
de demander le rachat par application de l'article 1912 du
Code civil et encore s'il n'est payé de cette redevance
pendant deux ans. Puis, comme dans le cas précédent, le
bailleur est tenu de ne pas troubler l'acheteur ou complanteur, de le défendre contre les attaques des tiers qui
se prétendraient des droits sur l'immeuble, basés sur une
cause antérieure au contrat ; car, nous verrons que si le
colon vient à être évincé, c'est parce que le bailleur était
tenu à cette garantie qu'il est maintenant obligé de réparer
le préjudice que cause l'éviction.

N'étant plus propriétaire, le bailleur une fois le bail à
complant consenti ne sera plus tenu du payement des
contributions, il ne sera pas non plus obligé de réparer et
d'entretenir les chemins d'exploitation, tout ceci regarde
le complanteur, nouveau propriétaire. Ce n'est plus en
effet comme dans le cas précédent un contrat de louage,
où l'impôt foncier doit être acquitté par le propriétaire du
sol, nous sommes en face d'une vente, masquée sous le
nom de bail à complant, mais n'en ayant pas moins autant
de valeur qu'une vente ordinaire, avec cette particularité

qu'elle emprunte à la théorie de la rente un article tout
spécial portant sur le non payement du prix. C'est que là
aussi s'il y a vente, l'acheteur ou complanteur est débiteur
d'une redevance annuelle, d'une rente, et nous sommes
obligés, pour satisfaire aux principes de notre législation,
de combiner les deux institutions.

SECTION III

OBLIGATIONS DU PRENEUR

D'après les anciennes coutumes, le colon était tenu de
cultiver les terres soumises au champart ou au complant,
de telle façon que le bailleur y puisse percevoir la redevance fixée au contrat. Sa principale obligation était donc
de cultiver la vigne et de faire tous les travaux nécessaires pour que la récolte se fasse au mieux de ses intérêts et de ceux du propriétaire. Donc, quelle que soit
la nature du terrain, qu'il soit en friche ou déjà planté, le
colon devra le cultiver après avoir procédé à la plantation
dans le premier cas et en continuant la culture quand le
bail à complant porte sur une vigne déjà plantée.

Mais la culture intelligente et active d'un vignoble
demande une série d'opérations, que l'on peut analyser
ainsi, en se reportant à tous les documents de la jurisprudence que nous avons pu trouver et aux rares auteurs qui

ont écrit sur la matière (1). Ces différentes opérations vont nous fournir la liste des obligations auxquelles est tenu le colon.

1º *Obligation*. — Le colon ne doit pas changer la culture à moins d'un commun accord avec le propriétaire.

Cette obligation, nous la trouvons mentionnée dans les anciennes coutumes, c'est par elle — disent-elles — que l'on distinguait autrefois un complant d'un champart ordinaire ; et dans le cas où le colon contrevenait à cette défense, le contrat pouvait être résilié, ou bien le bailleur forçait le colon à remettre les choses en état et à ses frais. Les coutumes d'Anjou, du Poitou et du Maine contiennent les règles que nous venons de citer. Pourtant dans les usages locaux de la Loire-Inférieure, le bailleur pouvait autrefois, au lieu de faire arracher les nouvelles plantations, manifester le désir d'exercer sur ces plantations son droit de complant ; une indemnité seulement lui était due par le colon par le seul fait d'avoir failli à ses engagements. Cette indemnité était réglée par des experts nommés par le propriétaire et le colon et payés aux frais de ce dernier, elle se réglait en une certaine redevance annuelle en argent ou en une certaine quotité de fruits que la terre

(1) Sibille. *Usages et coutumes de la Loire-Inférieure* ; — de Tremaudan. *Droit rural de la Loire-Inférieure* ; — Neveu-Derotrie, *Commentaire sur les lois rurales françaises, suivi d'un essai sur les usages locaux.*

convertie en sa nouvelle culture devait produire. Que se passerait-il maintenant si pareille chose se produisait?

Dans les départements autres que la Loire-Inférieure, dans lesquels ce bail est usité, en Maine-et-Loire par exemple, il nous semble que le propriétaire même d'un commun accord avec le colon ne peut changer la culture du terrain sans changer en même temps le contrat. Tous les titres s'expliquent clairement sur ce point. Mais en Loire-Inférieure, d'après les décisions judiciaires connues le bailleur peut permettre tacitement ou expressément de changer la culture (1). Tacitement, quand il ne s'oppose pas aux nouvelles plantations de son colon, et qu'il en perçoit les produits comme il le faisait auparavant pour la vigne ; expressément quand il intervient entre les parties un nouvel accord par lequel le propriétaire permet un autre genre de culture. Quand l'accord a lieu tacitement, et qu'il n'est rien dit de la façon dont le propriétaire exercera son droit, il est certain que les parties ont entendu respecter le contrat primitif, et ne rien changer aux clauses de ce contrat, bien que l'on puisse soutenir à juste titre, que du moment que la culture primitive est changée, le propriétaire pourra bien exercer son droit sur les nouveaux produits, mais pas en vertu du bail à complant qui est éteint par la perte de la vigne.

Mais, quand il y a stipulation expresse entre les parties, et que par cette stipulation, les contractants

(1) Sibille. Jugement du T. de Nantes, 16 juillet 1835.

considèrent qu'au lieu d'une redevance en nature, le colon fournira annuellement une certaine somme d'argent, on est tenté de se demander s'il n'y a pas novation par changement d'objet. Dès lors nous ferons remarquer que la nature de l'objet, à savoir : une prestation en denrées constituant suivant nous un élément essentiel du bail à complant, une novation par changement d'objet se convertirait forcément en novation par changement de cause.

C'est pourtant dans un sens opposé que dans une affaire où il devait être statué sur cette question savoir : Si les parties stipulent par un contrat nouveau, qu'au lieu de continuer la culture de la vigne, le colon cultivera des céréales, à la condition de payer au bailleur une redevance annuelle, leurs droits continueront-ils à être régis par les principes du bail à complant ? Le tribunal de Nantes dans un jugement du 16 mars 1842 (1) décide que « ce changement de culture, opéré dans l'intérêt et du consentement des parties, n'a point changé au fond le caractère originaire de la convention ». Donc d'après le considérant de ce jugement, le changement d'objet n'entraîne pas novation. Plus haut nous disions qu'au contraire, il nous semblait que la novation se produisait, et qu'elle portait même sur la cause du contrat. Reste à nous expliquer.

L'article 1273 du Code civil s'exprime ainsi : « La novation ne se présume pas ; il faut que la volonté de l'opérer résulte clairement de l'acte ». Or rien ne prouve que les

(1) De Tremaudan. *Documents qui ne se trouvent dans aucun recueil*, page 100.

parties ont entendu opérer novation, par le fait même
d'avoir changé la culture dans un bail à complant.

Si le Code civil est en quelque sorte ennemi des nova-
tions douteuses, s'il exige une volonté très nettement
exprimée, ce n'est point à dire que la volonté soit toute-
puissante. Les parties ne peuvent aboutir à un résultat
contraire aux principes posés par le Code civil, en suppo-
sant toutefois que ces principes mettent en cause l'ordre
public et les bonnes mœurs (art. 6). Si les décisions de la
jurisprudence nous surprennent, c'est parce qu'en déci-
dant qu'il n'y a pas novation, elles nous montrent dans la
seconde situation, un bail à complant qui persiste, alors
qu'il a perdu un de ses caractères spécifiques (1).

On se trouverait en présence d'un cas analogue dans
l'espèce suivante que nous imaginons. Primus et Secundus
se sont mis d'accord pour échanger par exemple deux terrains ; postérieurement à cette entente, il est convenu
que Secundus au lieu de transférer la propriété du terrain
promis versera une somme d'argent. Pourrait on dire
qu'aucune novation ne s'est produite, et qu'après la modi-
fication intervenue, les parties restent en présence du contrat primitif, c'est-à-dire d'un échange, dans lequel toutefois une prestation consistera en argent ? Les parties il est
vrai en profitant de la liberté si complète que le Code accorde aux contractants, peuvent s'entendre, pour faire régir
leur nouvel accord de volonté par les règles cumulées des

(1) Nous avons donné, au début de cette étude, la redevance en
nature comme caractère essentiel du bail à complant.

deux contrats prévus par le Code. Mais alors, la seconde situation ne répondant ni aux prescriptions de la vente, ni à celles de l'échange constitue bien un contrat nouveau, une sorte de contrat innomé. La novation apparaît toujours.

Si nous revenons aux espèces sur lesquelles le tribunal de Nantes s'est prononcé, nous remarquerons que non seulement la théorie du bail à complant se trouve altérée, mais qu'il deviendra en outre très difficile de réglementer en pratique le contrat, qui sans changer de nom a changé d'éléments. Remarquons par exemple, que l'on serait fort embarrassé pour assigner une durée au contrat modifié. Ne sera-t-on pas fatalemement conduit à déterminer cette durée en s'inspirant des règles d'un contrat qui ne saurait être le bail à complant ; car nous verrons que la durée de ces sortes de baux est généralement liée au sort de la vigne. Ceci serait bien de nature à mettre en relief la portée de notre observation, à savoir que la nouvelle situation donne naissance à un nouveau contrat.

Il nous semble donc que le tribunal de Nantes eut mieux fait d'appliquer dans toute leur intégrité les principes du Code. Il se serait du reste conformé aux usages en vigueur dans les anciennes coutumes, qui voulaient que le contrat soit changé dans le cas où une culture nouvelle remplacerait celle de la vigne (1).

2º *Obligation.* — Le colon doit faire les façons d'usage.

Ces façons d'usage sont nombreuses, la principale, et

(1) Denizart, *Décisions nouvelles*. V. « Complant », t. 1, p. 570.

celle à laquelle on a l'air de tenir tout spécialement, c'est
la taille de la vigne. C'est de cette taille, et de la façon
dont elle est faite que dépend en effet la récolte. Nous
n'insisterons pas sur ces questions techniques d'agriculture, qu'il nous suffise de dire que les vieilles coutumes
qui traitent du complant d'une façon détaillée, attachaient
une importance telle à la taille qu'elles permettaient au
bailleur de s'emparer des vignes dans le cas où le colon
négligeait cette façon. Elles lui allouaient aussi dans ce
cas des dommages et intérêts. La sanction était donc des
plus énergiques; nous rencontrerons bien dans les autres
obligations dues par le preneur, des dommages et intérêts
que ce dernier devra payer au bailleur dans le cas de
négligence de sa part, mais ce n'est que pour défaut de
taille, que nous rencontrerons ce pouvoir donné au bailleur de s'emparer de la vigne (1).

Le colon doit aussi provigner, remplacer les plants et
raganner.

Le provignage est une opération par laquelle on prolonge
l'existence d'un vignoble (2). Cette opération connue depuis
déjà fort longtemps se trouve dans les vieux baux au
nombre des obligations du colon, un auteur angevin du
XVIe siècle nous dit : « celui qui a des vignes à complant
est tenu non seulement de les faire des quatre faisons,
aussy les doit augmenter tant par plantes que provins

______

(1) Boucheul. *Cout. du Poitou.*
(2) On couche les ceps en terre, dans une fosse pratiquée à cet
effet, pour leur faire prendre racine et produire de nouveaux pieds.

autrement le seigneur rentrerait dans son héritage (1) ». En Loire-Inférieure, le colon est tenu outre le provignage de raganner tous les sept ans, c'est-à-dire d'enlever les dessous et branchages des bois. A l'heure actuelle, ces différentes obligations subsistent toujours, et l'on voit dans les baux récents, le colon être forcé d'entretenir une pépinière, où il prendra les ceps qui remplaceront ceux qui seront morts.

Il devra aussi labourer, bécher, biner la terre; il entretiendra les clôtures et les fossés, si les émondes lui sont abandonnées. Il devra graisser la terre avec des engrais qu'il fournira, et aux époques convenues; il déchaussera les ceps de façon que les pluies puissent mieux profiter aux racines; il maniera et apportera la terre nécessaire au pied des ceps. Il veillera à ce que les chaintres n'aient pas une trop grande étendue, et il lui est interdit de faire pacager sur ces chaintres. Les chaintres sont les chemins qui servent à l'exploitation du vignoble, et permettre aux animaux de pacager sur ces chemins, eût été imprudent, ils pourraient abîmer les cépages.

Dans les baux plus récents, et depuis l'apparition des diverses maladies des vignobles, il devra sulfater et soufrer.

3o *Obligation*. — Le colon doit vendanger.

C'est le colon qui devra vendanger, et comme il doit

(1) Beucher. *Bail à complant en Maine-et-Loire.*

faire ce travail à ses frais nous rangeons la vendange, but principal du complant, dans les obligations du colon.

Remarquons que pour toutes les opérations, précédemment citées, le colon devait les faire aux époques convenues par les usages locaux, ou de sa propre autorité, quand il le jugeait convenable. Pour la vendange, il ne pourra le faire qu'après avis du propriétaire, et aux époques que ce dernier lui assignera. De cette obligation on donne la raison suivante ; que la quantité et la qualité de la vendange dépendent souvent du jour où elle a lieu, et que le bailleur serait trop facilement frustré si le colon vendangeait aux époques qui lui plairaient (1).

Cette obligation de demander avis au bailleur, n'existe pas dans tous les pays. En Loire-Inférieure nous la trouvons formellement mentionnée dans les baux, en Anjou au contraire les baux sont muets sur ce point. On donne de cette différence la raison suivante : Dans cette province le temps des vendanges était fixée par une institution générale qu'on appelait « ban de vendange ». Nul ne devait vendanger avant que le seigneur l'eût permis. Nous n'insisterons pas sur les origines du ban de vendange, nous constaterons simplement que dans les pays où ce ban de vendange n'est pas connu, les bailleurs d'une même commune s'entendent entre eux et avertissent les colons qu'ils peuvent vendanger, soit par une publication faite par le garde champêtre, soit par un avis donné par

______

(1) Boucheul. *Cout. du Poitou.*

le recteur au prône de la grand'messe et il est d'un usage
assez répandu que dans les cas où les bailleurs ne s'entendent pas pour fixer l'ouverture des vendanges, le maire
intervient et c'est lui qui détermine le jour où les colons
pourront commencer à cueillir les raisins. C'est du reste cette
dernière façon de procéder qu'emploient les pays comme
l'Anjou, où le ban de vendange était autrefois en usage.

Une fois les vendanges commencées, le colon devra se
conformer à toutes les instructions des propriétaires
ou de l'écarteur (1), pour sortir du clos les charges de
fruits. Il ne pourra de sa propre autorité passer par
d'autres endroits que ceux indiqués. Cette dernière obligation est d'usage constant en Loire-Inférieure (2).

4° *Obligation.* — Le colon doit payer la redevance fixée au contrat.

Une fois la vendange faite, les parties en partagent le
produit, et la part qui revient au bailleur représente pour
lui, l'abandon qu'il a fait au colon, de la quantité de terrain concédé. Cette redevance peut avoir deux caractères
bien différents, suivant que le bail à complant est ou n'est
pas translatif de propriété ; s'il est translatif de propriété,
elle représente le prix de vente, si au contraire il ne l'est
pas c'est un prix de ferme ordinaire ; le colon au lieu
d'affermer tant par an la jouissance du vignoble, donne

(1) On appelle écarteur un ouvrier de maître qui représente le
propriétaire pendant la vendange.
(2) Sibille. *Usages et coutumes de la Loire-Inférieure.*

au propriétaire une certaine quantité de raisius, c'est un payement en nature.

Dans presque tous les baux cette redevance est connue sous le nom de « devoir de tiers, de quart ou de quint » suivant que le bail est lui-même un bail de ces différentes quotités. La plupart du temps cette redevance était, et est encore de nos jours du quart de la récolte. Sibille, pour le département de la Loire-Inférieure, nous dit qu'elle était du tiers et du quart, très rarement de la moitié. En Anjou on remarque que cette portion de fruits depuis le commencement du siècle, est presque toujours du cinquième, bien que les baux portent une redevance du quart. Cette anomalie, résulte, d'après les baux cités dans la thèse de M. Boucher (1), que le colon dans ces cas était tenu de payer les contributions assises sur le fonds. Dans tous les autres pays où ce bail est usité, la redevance consiste la plupart du temps dans le quart de la récolte.

Comment alors se fait l'attribution des parts ? Généralement une fois que la vendange est terminée, la part du bailleur se prélève sur l'ensemble de la récolte. Cette habitude est tout à fait équitable ; de cette façon le bailleur est sûr que son colon n'aura pas gardé les meilleurs raisins, et d'un autre côté le colon est complètement rassuré, puisque le bailleur n'a pas droit au choix, dans les différentes parties du vignoble. Cette attribution de parts se fait généralement au vignoble, en présence de l'écarteur,

(1) Annexes. *Bail à complant en Maine-et-Loire*, titre du 27 décembre 1865.

et le colon doit porter la portion revenant au propriétaire au pressoir de ce dernier. On a même l'habitude de faire donner par l'écarteur au colon un billet constatant que le partage s'est fait au mieux des intérêts des deux parties. Ce billet doit être délivré au propriétaire, à l'arrivée de sa vendange au pressoir (1).

D'après ceci, il est facile de nous rendre compte que cette redevance est portable. Le jugement que nous venons de relater est formel du reste sur ce point. Il considère en effet que c'est un usage constant et reconnu en fait de vignes à complant, que le colon ou fermier conduise les fruits au pressoir du propriétaire. Cette habitude usitée en Loire-Inférieure, remonte très loin, et dans la plupart des autres régions, le colon doit agir de même. La coutume du Poitou a soin de relater: « Le détempteur est tenu de faire porter à l'hôtel du seigneur le complant de vignes ». Pourtant dans ce cas, il y a une restriction. Si le pressoir du maître est trop éloigné du clos, le colon ne sera tenu qu'autant qu'il en avait l'habitude, ou qu'il en était convenu (2). Donc le département de la Loire-Inférieure suit l'exemple des pays voisins; nous trouvons du reste sur cette question un jugement du tribunal de Nantes du 4 nivôse an VIII, qui prescrit au colon de conduire la vendange au pressoir ; et pour la restriction nous appliquons, comme le fait Sibille, à ce département, les usages des autres pays.

(1) Jugement de la justice de paix d'Aigrefeuille, 29 juin 1847. — Sibille. *Documents inédits.*

(2) Boucheul. *Coutumes du Poitou*, art. 101.

Il nous semble qu'en Anjou, on doit faire de même et décider que la redevance est portable, bien que la coutume de cette province soit muette sur ce point. Il n'y aurait en effet aucune raison de décider autrement alors que les provinces voisines avaient érigé cette habitude en véritable principe, jusqu'au point de la réglementer (1).

Toutefois, il nous faut faire une remarque, il se peut que le bailleur n'ait pas de pressoir, ou qu'il n'y ait qu'un pressoir commun pour les deux parties. Dans un bail du 15 janvier 1898, nous trouvons ce dernier cas exposé très explicitement. Le pressoir commun sera fourni par le bailleur, et après le passage au pressoir le produit des vignes sera partagé (dans ce cas c'est de la moitié). Le vin revenant au bailleur sera amené dans ses celliers, aux frais du colon. Là, ce n'est plus sur les raisins que se fait le partage, mais l'idée est toujours la même. La redevance est portable. Dans le cas où le bailleur n'a pas de pressoir, il nous semble qu'il nous faudrait donner une solution analogue ; ou bien le foulage du raisin sera à la charge du colon (2), et il devra porter au bailleur la quantité de vins qui lui revient, ou bien il lui portera sa part dans la vendange, et c'est au bailleur que reviendra le soin du foulage de cette portion.

____

(1) En ce sens, Beucher. *Bail à complant en Maine-et-Loire.*

(2) Le colon n'est chargé du foulage que lorsque cette obligation est mentionnée au contrat, en sens contraire. Jug. du T. de Nantes, 15 nov. 1828.

Il est évident que dans tout ceci, le principe des libertés, des conventions a une grande part ; mais le point essentiel, croyons-nous, que nous trouvons exposé dans les coutumes et dans les décisions de la jurisprudence, doit être respecté, et ce point essentiel c'est le caractère portable de la redevance. Bien entendu, nous n'irons pas jusqu'à dire que, dans son bail, le propriétaire ne pourrait pas de portable, convertir cette redevance en quérable, mais ce qui prouve bien que ce que nous disions à l'instant de ce caractère portable, a une importance capitale, c'est que dans le cas de conversion, le titre devra s'en expliquer formellement (1). La jurisprudence ne suit en cela que les vieilles coutumes, car, nous trouvons dans Boucheul le passage suivant que nous ne pouvons faire autrement que de relater : « Quoique le seigneur ait accoutumé d'envoyer ses cens, terrages et complants sur les lieux, cela ne l'oblige pas pour l'avenir, et nonobstant il pourra contraindre les redevables de lui porter ou faire porter ses cens, terrages et autres droits seigneuriaux, si l'on ne fait voir par acte ou par une contradiction suivie de possession que ces devoirs sont quérables ».

La redevance ne s'exerçait que lorsque la vigne était en plein rapport. Il y avait donc un délai pendant lequel le bailleur ne touchait aucun droit. Les titres de concession fixaient généralement ce délai, il était de deux, quatre, quelquefois sept ans.

(1) Même jugement. T. civil de Nantes, 15 nov. 1888.

A côté de cette redevance en nature, que nous appellerons redevance principale, nous en trouvons une autre qui est due dans toutes les contrées, où l'on rencontre le bail à complant et mentionnée jusque dans tous les baux. Elle est connue sous le nom de Chapon. Autrefois cette redevance consistait en volailles, c'est de là du reste que lui vient sa dénomination, le colon devait fournir un certain nombre de chapons (1), c'est ce qu'on appellerait actuellement dans nos baux à ferme ou à métayage les menus suffrages. Elle était payée le même jour que la redevance principale, et faisait partie du prix de ferme, dans la plupart des coutumes (2). On a soutenu, il est vrai, qu'elle représentait plutôt une indemnité due au bailleur pour l'entretien du pressoir, ou pour le payement de l'écarteur. Quoi qu'il en soit, cette redevance existe encore, mais ne consiste plus qu'en argent; elle varie, d'après Sibille, suivant les communes où le complant est usité.

Telles sont les différentes obligations auxquelles est astreint le colon, et qui feront dire de lui dans le cas où il les exécutera ponctuellement qu'il jouit en bon père de famille, selon le terme consacré par le Code.

Mais jusqu'ici nous n'avons supposé qu'un cas simple, le cas où un colon se trouvait en présence d'un propriétaire. Il se pourrait aussi que plusieurs colons soient

____

(1) Dans le Haut-Poitou, cette redevance s'appelait poulets. Hérold *Revue pratique*. 1857, p. 364.

(2) Sibille. *Usages et coutumes de la Loire-Inférieure.*

préposés à la culture d'un même clos, et il serait intéressant de se demander de quelle manière ces différents
colons seraient tenus. La Cour de Rennes, dans un arrêt
du 10 mars, nous dit que les colons d'un même clos sont
obligés solidairement, quel que soit leur nombre, et ne forment vis-à-vis du bailleur qu'une seule et même personne.

Donc puisque la Cour de Rennes admet dans ce cas la
solidarité, il nous faut appliquer tous les principes que le
Code civil édicte en la matière.

D'abord la solidarité ne se présumant pas, le bailleur
qui voudra profiter des avantages de cette institution
devra la stipuler formellement dans le titre constitutif
(art. 1202 C. c.) sans quoi la dette se divisera de plein
droit entre les différents colons; et remarquons que peu
importe le parti, que nous prendrons sur la nature juridique du droit du preneur; si la concession en effet est
une vente, conférant aux différents preneurs un droit de
propriété, ils seront copropriétaires, et dans le cas de
solidarité expressément stipulée, ils seront codébiteurs
solidaires du prix; si au contraire, on ne les considère
que comme fermiers ordinaires, ils seront codébiteurs
solidaires de la redevance représentant pour eux le prix
du fermage. Dans ce cas alors de solidarité stipulée, nous
ferons l'application des articles 1203 et suivants. Chaque
colon étant tenu pour le tout, pourra se voir demander
toute la prestation par le bailleur, et ce dernier pourra
poursuivre les autres jusqu'à parfait payement. Les poursuites faites contre l'un des colons interrompront la prescrip-

tion à l'égard de tous ; et la demande d'intérêts formée contre l'un d'eux les fera courir à l'égard des autres. Voilà quels sont les effets principaux de la solidarité, effets qu'il faudra appliquer aux colons d'un même clos.

Mais, si parmi les colons, les uns sont exacts à remplir leur devoir, tandis que d'autres par incurie ou autrement ne satisfont point à leurs obligations, l'action résolutoire ou l'action en dommages et intérêts devra-t-elle être poursuivie seulement contre ceux qui sont en faute ou bien contre tous les colons indistinctement ?

D'après l'interprétation et l'explication que l'on donne de la solidarité, il nous semble qu'il serait injuste de faire supporter aux colons diligents et consciencieux l'incurie et l'insouciance des autres. On dit en effet que les différents codébiteurs solidaires se représentent réciproquement, et qu'ils se donnent pour les différents actes qu'ils exécutent un mandat tacite, qui fait que ces actes accomplis par l'un ou contre l'un sont réputés faits par ou contre les autres (1) et ce mandat est limité, d'après la Cour de cassation, à ceci : il est permis aux débiteurs solidaires d'améliorer la condition de tous, mais ils ne peuvent nuire à la condition d'aucun d'eux. Avant cet arrêt de la Cour de cassation qui date de 1891, les auteurs avaient emprunté, pour définir ce mandat, une formule imaginée

____

(1) Cette idée est récente. Dumoulin et Pothier avaient bien compris que la solidarité ne pouvait s'expliquer entièrement, par l'idée de pluralité de liens, unité d'objet. Ce sont les auteurs modernes qui ont mis en avant l'idée du mandat tacite.

par Dumoulin pour concilier deux lois romaines et ils disaient que les codébiteurs étaient censés se représenter les uns les autres *ad conservendam vel perpetuendam obligationem, non autem ad augendam.* Comme il est difficile de concevoir des codébiteurs qui se donnent mandat à l'effet d'entrenir leur obligation, *ad perpetuendam,* la Cour de cassation a ramené le mandat dans les limites que nous avons mentionnées plus haut : un codébiteur peut améliorer la situation des autres mais non leur nuire. M. Planiol dit « qu'il vaudrait mieux reconnaître franchement qu'il n'y a pas de véritable mandat entre les codébiteurs ; mais que, dans l'intérêt du créancier et pour la conservation des droits qu'il tient du contrat, les codébiteurs se représentent les uns les autres, de telle sorte que le créancier obtienne en agissant contre l'un, le même effet que par des poursuites exercées contre tous. Ainsi défini, ce pouvoir est nécessairement limité : il ne permet pas à l'un des codébiteurs d'empirer volontairement et par son seul fait la condition des autres » (1).

Quoi qu'il en soit, nous devons admettre que les codébiteurs ne peuvent, par leur fait, nuire à leurs codébiteurs, en augmentant l'obligation due ; donc nous ne saurions admettre que, si dans notre bail à complant, plusieurs colons sont débiteurs solidaires de la redevance, l'incurie ou l'insouciance des uns puisse nuire aux autres, qui, rem-

(1) M. Planiol. *Droit civil*, tome II, note 1, p. 233.

plissent leur obligation avec diligence et comme il leur est prescrit. Il nous semble alors que l'action résolutoire ne devrait pas être intentée contre ces derniers, pas plus que l'action en dommages et intérêts (art 1205).

Nous supposons toujours bien entendu que la solidarité a été stipulée dans les devoirs, sans quoi, la dette serait divisée entre les colons d'après les principes généraux. Mais il est un cas où, bien que le bailleur n'ait rien stipulé, la dette ne se divise pas, bien qu'elle soit due par plusieurs colons ; c'est quand le clos a été divisé par le fait des colons à la suite de ventes partielles ou de partages, le bailleur étant resté étranger à toutes ces opérations (1).

Là se pose une question d'indivisibilité. Dans le titre de concession, le bailleur n'avait envisagé que le cas d'un colon lui payant la redevance, peu lui importe donc que dans la suite, la situation se soit modifiée, par des faits qui lui sont étrangers ; les ventes et les partages successifs qui ont été faits sur le clos par le colon, n'ont pu changer le caractère primitif du contrat ; nous sommes en face d'une indivisibilité relative (art. 1218). « L'obligation est indivisible, quoique la chose ou le fait qui en est l'objet soit divisible par sa nature, si le rapport sous lequel elle est considérée dans l'obligation ne la rend pas susceptible d'exécution partielle ». Dans ce cas alors,

____

(1) Nous verrons en effet que le colon a le droit de disposer de son droit, soit par acte entre vifs, soit par testament.

nous semble-t-il, le bailleur aurait le droit d'intenter l'action résolutoire ou en dommages et intérêts contre tous les colons, même contre ceux qui auraient rempli leurs engagements, il ne fera pas la distinction de plus haut, n'étant plus dans un cas de solidarité. Cette solution du reste est conforme à la loi, c'est l'application exacte des articles 1222 et 1223 du Code civil. Est-elle conforme à l'équité? Il nous semble que oui. La division du clos amène en effet une aggravation de charges, qui retombe sur ceux qui en sont les auteurs, sauf à ceux qui sont dépossédés par la faute de leurs consorts, à se faire indemniser par ces derniers du préjudice qui leur est causé (1). On pourrait peut-être alléguer que le bailleur, à la formation du contrat, devait prévoir cet état de choses, dans un temps plus éloigné, surtout si le clos qu'il a concédé se trouve être d'une certaine étendue, et qu'il ne serait pas juste de rendre un colon soigneux passible des fautes de ses consorts, et qu'enfin le bailleur se trouve suffisamment indemnisé par le retour à son domaine utile des portions qu'il pouvait reprendre sur ceux qui sont en faute, ou par les dommages et intérêts qui lui sont payés par ces derniers. Ces considérations assez puissantes, ne sont pas de nature à prévaloir sur la loi.

____

(1) Ils n'auront qu'à se faire mettre en cause dans l'action intentée contre un des consorts ; du reste, si l'un d'eux seul est poursuivi, au moyen de l'exception dilatoire dont il jouit, les autres seront mis en cause et lui serviront de garants.

Pourquoi d'ailleurs sacrifierait-on les intérêts du bailleur qui souffre plus que le colon du morcellement du clos? (1).

Dans un ordre d'idées à peu près semblable, il se peut aussi que ce soit la propriété du bailleur qui soit divisée ; la jouissance alors se trouve, elle aussi, soumise à la division. Mais il a été jugé, que si la multiplication du nombre des propriétaires amène pour les colons une aggravation de charges, ils auront droit à une indemnité (2). « Considérant toutefois, dit la Cour, que si la multiplication du nombre des propriétaires et la situation respective de chacun d'eux à l'égard des colons amènent pour ceux-ci dans l'exploitation, une aggravation des charges qui pesaient sur eux, dans une proportion qui excède ce qui a dû être dans les prévisions des parties au moment où est intervenu le contrat originaire, il est juste que des mesures soient prises pour concilier tous les intérêts ».

SECTION IV

SANCTION DES OBLIGATIONS DU PRENEUR

Notre contrat étant un contrat synallagmatique, nous

(1) Sibille. *Usages et coutumes de la Loire-Inférieure sur l'arrêt de la cour de Rennes* du 19 mars 1849.
(2) Cour d'appel de Rennes. J. 4 août 1863. De Tremaudan, *Doc. inédits.*

appliquerons dans toute son intégrité les principes énoncés par l'article 1184 du Code civil en la matière. « La condition résolutoire est toujours sous entendue dans les contrats synallagmatiques, pour le cas où l'une des deux parties ne satisfait point à son engagement. Dans ce cas le contrat n'est pas résolu de plein droit. La partie envers laquelle l'engagement n'a point été exécuté, a le choix ou de forcer l'autre à l'exécution de la convention lorsqu'elle est possible, ou d'en demander la résolution avec dommages et intérêts. La résolution doit être demandée en justice et il peut être accordé au défendeur un délai suivant les circonstances ».

Quand nous avons étudié les différentes obligations auxquelles était astreint le preneur, nous avons vu dans celles que nous avons rangées sous la dénomination de « obligations à la culture », que la principale, d'après les anciennes coutumes, était celle du taillage de la vigne ; nous relations en effet que dans ce cas la sanction était très rigoureuse puisque le bailleur avait le droit de réunir à son domaine utile les vignes qui n'avaient pas été taillées avant les fruits, et ce sans autorité de justice. « Si aucun détenteur dit l'article 61 de la coutume du Poitou, tient de son seigneur les fiefs vignes qui sont tenues à complant et elles sont demeurées à tailler et de serpe jusqu'aux fruits ; le dit seigneur les peut de son autorité prendre et les fruits d'icelles sans y appeler les détenteurs. » pour les autres obligations, le seigneur n'avait droit qu'à des dommages et intérêts. Dans la

coutume de La Rochelle, il y avait sur ce point quelques
différences, on autorisait bien dans cette région tout
homme qui avait droit de complant, à s'emparer de son
autorité des vignes qui n'avaient pas été taillées avant la
Saint-Georges, mais c'était pour qu'il les fasse tailler et
cultiver et non pour les annexer à son domaine (art. 62
de la coutume de La Rochelle). Valin, du reste, à ce
propos nous dit que dans le cas où le bailleur s'emparait
des vignes pour une année, il pouvait le faire de son
autorité privée, si, au contraire, il voulait se les adjuger
définitivement, il devait le faire par devant le juge du
fief. — Remarquons en passant que l'expression consa-
crée dans ce cas est « annexer à son domaine » ou « se
les adjuger », c'est donc que, d'après cette coutume, le
bailleur avait perdu la propriété.

Voilà donc deux coutumes où l'une admet la condition
résolutoire *ipso jure*, et l'autre y apporte un tempérament, distinguant les cas où le bailleur s'empare des
vignes pour un an, ou définitivement, dans le premier cas
l'action en justice n'est pas obligatoire, dans l'autre on
ne peut s'en passer.

Quoi qu'il en soit, il nous semble que ces vieilles coutumes ne peuvent recevoir leur application, maintenant
que nous vivons sous l'empire du Code civil, ce serait
alors refuser l'application de l'article 1184. Une personne
qui a concédé un terrain à complant ne peut de sa propre
autorité résoudre un contrat, dans le cas d'inexécution
des obligations, et l'article 1184 ne fait pas de différences

entre les diverses obligations. Donc dans les baux actuels,
le contrat ne pourra être résolu de plein droit, qu'autant
que les parties auront eu soin de stipuler qu'au cas où le
preneur manquerait à ses obligations ou à quelques-unes
seulement, et en désignant lesquelles, la résolution s'effec-
tuera sans qu'il soit besoin de recourir aux tribunaux ;
c'est ce que les commentateurs appellent « clause
résolutoire expresse ».

Dans le comté Nantais le preneur à complant était tenu,
nous l'avons vu, de toutes les obligations de culture aussi
bien qu'en Poitou et dans La Rochelle, mais la sanction
n'était pas la même que dans cette dernière province ; elle
était conforme aux principes actuels du Code civil. Dans
presque tous les titres en effet nous rencontrons la clause
résolutoire expresse ; et les baux faits depuis le Code
n'ont eu qu'à s'inspirer des anciens usages. Nous trouvons
en effet dans le rapport de M. Auguste Delalande un bail
où nous trouvons cette clause : « Et au cas que les dits
preneurs ou l'un d'eux manquassent à faire le dit clos de
toutes les dites façons en temps et saison, il sera loisible
au dit bailleur, au dit nom, de s'emparer des cantons qui
auront été mal cultivés et en faire nouvelle baillée à autre
personne ou autrement en disposer comme bon lui semblera, sans que les dits preneurs puissent lui apporter
aucun obstacle et empêchement (1) ».

---

(1) Rapport de M. Augustin Delalande fait au nom de la Commission sur le régime des vignes à complant, annexe VIII, p. 132.

Voilà donc trois pays différents, où les usages sur ce point ne sont pas les mêmes. En Poitou, le bailleur en cas d'inexécution des obligations s'empare des vignes et les donne, s'il le désire, de nouveau à bail, et cela de sa propre autorité, sans avoir recours à la justice, quand, bien entendu, cette inexécution porte sur une obligation importante comme celle qui a trait au taillage de la vigne; dans les coutumes de La Rochelle et du pays d'Aunis, le bailleur ne peut que, ou faire cultiver lui-même le vignoble ou demander à la justice la résiliation du contrat, c'est-à-dire le retour de ce vignoble dans son domaine. Puis dans le comté nantais, on a l'habitude d'insérer dans les baux une clause de résolution expresse, en cas d'inexécution des obligations, et l'on se passe de l'autorité de justice comme en Poitou. Pourquoi ces différences ? Peut-être doit on voir là un signe de translation de propriété pour le preneur, dans le cas où, comme dans la coutume de La Rochelle, la vigne ne peut revenir au bailleur qu'avec l'autorité de justice ; dans ce cas en effet, nous avons vu qu'il pouvait « se l'adjuger » ou « l'annexer à son domaine » mais par devant le juge du fief ; il est certain que dans cette dernière coutume le bail à complant est regardé comme translatif de propriété, et il n'y a que dans cette coutume, où les bailleurs demandaient l'autorité justice pour reprendre les vignes en cas d'inexécution des obligations.

Nous ne tirerons pas de conclusions de ce rapprochement. Nous dirons simplement que sous l'empire de notre législation, si notre contrat ne transfère pas la propriété nous le considérerons comme un louage à ferme, et nous lui appliquerons l'article 1766, qui n'est autre que l'application de l'article 1184. S'il transfère la propriété, nous savons que c'est une vente, or, si le preneur n'entretient pas la vigne, bien qu'étant propriétaire, nous savons que son titre peut prendre fin, quand dans le contrat on a inséré une clause résolutoire ; la négligence et l'incurie du com-planteur peuvent être considérées comme un terme incertain extinctif, à l'arrivée duquel le contrat sera résolu, mais le principe est toujours le même, et c'est l'article 1184 qui gouverne la matière dans les deux cas ; et quelque parti que l'on prenne sur la nature de notre contrat, il faudra toujours s'adresser à la justice pour arriver à sa résolu-tion à moins que, dans le titre constitutif, les parties aient fait des stipulations expresses pour la résolution de plein droit.

En Anjou, d'après l'examen des baux, le contrat était aussi résolu pour défaut d'obligations parmi lesquelles on trouve citée la taille, et comme dans les coutumes du Poitou et du comté Nantais, les bailleurs « rentreront de plein droit dans les dites vignes » en cas de mauvaise culture. Il y avait cependant un tempérament apporté à cette clause rigoureuse ; il y avait des baux nombreux, où l'on trouve des clauses ainsi conçues, que si les preneurs et leurs hoirs manquent aux obligations, le seigneur prendra la moitié des fruits dès la première année qu'elle sera négligée, et, si au bout de la seconde année le preneur et ses hoirs, continuent à mal entretenir, le seigneur sous autorité de justice s'emparera de la vigne et en disposera comme bon lui semblera (1). Là encore, résolution de plein droit sans autorité de justice; nous insistons sur ce point, qui aura pour nous des conséquences importantes quand nous étudierons le caractère translatif de la propriété ou non du bail à complant, et remarquons dès à présent, que dans les pays où ce bail est translatif, la coutume demande, pour la résiliation du contrat, l'autorité de justice, et nous ne trouvons que la coutume de La Rochelle (2), qui parle de cette intervention, les autres admettent la résolution *ipso jure*, avec plus ou moins de rigueur, et sans intervention de la justice.

Quoi qu'il en soit, la sanction des obligations du preneur consiste dans la résolution du contrat, et la plupart du temps cette résolution sera accompagnée de dommages et intérêts, que les parties auront pu fixer au moyen d'une clause pénale quand le contrat a été consenti. Puis sauf quelques exceptions consacrées par la jurisprudence, nous remarquons que presque toujours dans nos baux à complant, on distingue parmi les différentes obligations comme le faisaient les coutumes; les unes entraînent résolution de plein droit, c'est quand la vigne n'est pas taillée, ou qu'elle est taillée à long bois, ce qui ne se fait que pour la vigne qu'on se propose de détruire; pour les

(1) Beucher. *Bail à complant en Maine-et-Loire.*
(2) Dans cette coutume, le bail à complant est translatif de propriété.

autres obligations le bailleur se contente de dommages et intérêts quand le colon ne les exécute pas formellement. Une question alors se pose immédiatement; est-il nécessaire de mettre le colon en demeure, pour qu'il y ait lieu d'allouer au bailleur des dommages et intérêts. Il nous semble que oui, car la plupart du temps, la négligence du colon sera une abstention de sa part et une abstention volontaire; il ne béchera pas, il ne graissera pas, ne labourera pas, et comme il n'y a aucun obstacle à l'exécution de l'obligation à laquelle il est tenu, une mise en demeure sera nécessaire. Tout autre serait le cas, si au lieu d'une abstention, le colon était passible d'une faute, car là, la faute suffit pour faire naître l'obligation de payer une indemnité; tel serait le cas par exemple d'un colon qui taillerait une vigne à long bois, par ce seul fait il est en faute, ce qui le rend passible de dommages et intérêts. Nous sommes là du reste dans la théorie des dommages et intérêts compensatoires, et on décide généralement que, dans ce cas, la mise en demeure n'est pas nécessaire, malgré le texte formel de l'art. 1146 : « Les dommages et intérêts ne sont dus que lorsque le débiteur est en demeure de remplir son obligation », la jurisprudence est actuellement en ce dernier sens et condamne son ancienne opinion par laquelle la mise en demeure n'était pas nécessaire pour que des dommages et intérêts compensatoires soient dus. Or, tout ceci repose sur des distinctions que nous appliquerons à notre cas; quand l'inexécution est un retard persistant, une abstention volontaire, il est évident que la mise en demeure est nécessaire, et nous avons vu que ce serait là le cas le plus fréquent dans notre bail à comptant; si au contraire, l'inexécution repose sur un fait étranger à la volonté du débiteur, ou sur sa faute, la mise en demeure n'est plus nécessaire, car de par ce fait ou de par sa faute, le débiteur est tenu et la mise en demeure devient inutile (1).

(1) Planiol, *Droit civil.* t. II, nᵒˢ 1363 et suivants.

CHAPITRE IV

CARACTÈRE DU BAIL A COMPLANT
EST-IL OU NON TRANSLATIF DE PROPRIÉTÉ ?
NATURE JURIDIQUE DU DROIT DU PRENEUR

Section Première. — Historique de la question du transfert de la propriété.

Section II. — Du caractère du bail à complant dans les autres pays que ceux de la Loire-Inférieure.

Section III. — Comment pourra-t-on déterminer si un contrat est translatif de propriété ou non translatif de propriété.

Section IV. — Nature juridique du droit du bailleur et du preneur

Maintenant que nous connaissons les différentes obligations auxquelles est astreint le colon, il nous sera plus facile de déterminer quelle est la nature juridique de son droit. A-t-il un droit réel sur la chose, n'a-t-il simplement qu'un droit personnel? Le bail à complant est-il ou non translatif de propriété? et s'il n'est pas translatif peut-on dire malgré cela que le droit du colon soit réel.

SECTION PREMIÈRE

HISTORIQUE DE LA QUESTION DU TRANSFERT DE LA PROPRIÉTÉ

La question du transfert de la propriété s'est posée au

commencement du siècle, à propos des baux à complant usités en Loire-Inférieure.

Après la Révolution, le domaine public était devenu propriétaire de vignes précédemment concédées à complant, comme successeur des corporations abolies et de plusieurs émigrés. L'administration centrale du département de la Loire-Inférieure, qui voulait tirer parti de ces différents vignobles, conçut l'idée de les mettre en vente, et elle réussit à en aliéner quelques-uns; mais bientôt de graves difficultés surgirent. Les adjudicataires se virent troublés dans leur jouissance et l'administration suspendit les ventes des biens de cette nature. Elle voulait, avant de continuer l'aliénation de ces biens fixer exactement la situation juridique des adjudicataires, et elle prit le parti de s'adresser au corps législatif, pour faire décider par une loi :

1° Si les redevances connues sous le nom de complant, ou de devoir de tiers ou de quart, étaient ou non soumises à la faculté de rachat acordée à tous les redevables de rentes foncières par la loi des 18-29 décembre 1790.

2° Si elles étaient ou non supprimées par la loi du 17 juillet 1793.

Pour établir que ces redevances n'étaient ni rachetables ni supprimées, un grand nombre de propriétaires se joignirent à l'administration du département. Ils apportèrent des actes de notoriété et une foule de documents, desquels il résultait, que dans ce département ainsi que dans les autres parties de la ci-devant province de Bretagne, les

preneurs des baux à complant, ou devoir de tiers et de
quart n'avaient jamais été considérés comme propriétaires, et qu'il y avait entre leur manière de posséder
et celle des preneurs de baux à domaine congéable, une
parfaite analogie. Cette pétition de propriétaires fut en-
voyée par le Conseil des Cinq-Cents, à une commission
chargée d'étudier la question (1). M. Boulay-Paty, rapporteur de cette commission, conclut dans son rapport, qu'il
déposa le premier jour complémentaire de l'an VI, que
« le bail à complant ou à devoir de tiers et de quart usité
dans le département de la Loire-Inférieure, ne pouvait
pas être assimilé au bail à complant usité dans quelques
départements voisins, parce que dans ces départements le
bail à complant transportait la propriété du fonds, et était
régi par la coutume qui en déterminait les effets, au lieu
que dans le département de la Loire-Inférieure, le bail à
devoir de tiers ou de quart ne transférait aucun droit de
propriété, et que la coutume de Bretagne ne contenait
aucune disposition relative à ces baux, dont les conventions ne tenaient qu'à un usage local ».

Après la lecture de ce rapport la commission rédigea un
projet de loi ainsi conçu :

« Les lois sur la suppression des redevances seigneuriales, et celles sur le rachat des rentes et redevances fon-

---

(1) Les membres de cette commission étaient MM. Boulay-Paty,
député de la Loire-Inférieure ; Villers et Goupilleau, de la Vendée;
Biclet, de Maine-et-Loire ; Glairs, du Morbihan.

cières ne sont point applicables au bail des vignes à devoir
de tiers ou de quart usité dans le département de la Loire-
Inférieure. En conséquence, le bail des vignes à devoir de
tiers ou de quart continuera d'être exécuté entre le bailleur et le preneur suivant sa forme et teneur, d'après
l'usage local de ce département. Il n'est rien préjugé sur
le complant régi par les coutumes voisines telles que celles
du ci-devant Poitou, du Maine et de La Rochelle. »

Par suite des événements politiques qui se succédèrent
nombreux à cet époque, ce projet ne fut jamais érigé en
loi. Comme il n'avait pas été mis à l'ordre du jour avant
le 18 brumaire an VIII, on se demanda s'il devait être
représenté au nouveau corps législatif, pour y être soumis
à la discussion. Le ministre des finances fut chargé de
faire un rapport relativement à cette question, et c'est sur
ce rapport que le Conseil d'État émit son avis, approuvé
par le Gouvernement le 4 thermidor de l'an VIII. Nous ne
pouvons faire autrement que de transcrire les termes de
c et avis.

« Le Conseil d'État.

« Qui sur le renvoi des Consuls, et sur le rapport de la
« section des finances a discuté un rapport du Ministre
« des finances sur la question de savoir, s'il est nécessaire
« de proposer au corps légistatif une loi dont l'objet se-
« rait de déclarer que la loi des 18-29 décembre 1790,
« qui autorise le rachat des rentes foncières et celle du
« 17 juillet 1793, portant suppression sans indemnité,
« des redevances seigneuriales et féodales, ne sont pas

« applicables aux baux à complant ou baux des vignes à
« portion de fruits, usités dans le département de la Loire-
« Inférieure ;

« Après avoir vu 15 baux de vignes à complant des
« années 1638 et suivantes, jusques et y compris l'an VI
« ensemble un acte de notoriété du Tribunal civil du dé-
« partement de la Loire-Inférieure du 4 nivôse an VIII ;

« Considérant que d'après ces actes, il est évident que
« le bail à complant ne transfère au preneur aucun droit
« sur la propriété des biens qui en sont l'objet ; que celui-
« ci, ses héritiers et représentants ne possèdent qu'au
« même titre et de la même manière que les fermiers ordi-
« naires, sauf la durée de la jouissance ; que la contribu-
« tion foncière est due et payée par le bailleur, circons-
« tance qui détermine avec encore plus de précision le
« caractère de cette tenure, et qu'on ne pouvait considérer
« les colons ou fermiers comme propriétaires des biens
« qu'ils tiennent à complant, sans rendre inutiles et sans
« valeur les bâtiments, celliers et pressoirs répandus sur la
« surface du territoire appartenant aux bailleurs et des-
« tinés par eux à l'exploitation des fruits dont les fermiers
« ou colons sont redevables envers eux ;

« Considérant aussi que la tenure dont il s'agit, rentre dans
« l'espèce de celle connue sous le nom de tenure convenan-
« cière ou à domaine congéable usitée dans plusieurs dé-
« partements formés de la ci-devant Bretagne, et que les
« bailleurs des biens concédés à ce titre ont été mainte-
« nus dans la propriété de ces biens par décrets de l'As-

« semblée Constituante, des 30 mai, 1ᵉʳ, 6, 7 juin 1791
« confirmés par la loi du 9 brumaire an VI.

« Est d'avis :

« Qu'il n'est pas nécessaire de recourir au législateur,
« pour maintenir ou conserver dans la main des bailleurs
« ou de leurs héritiers ou représentants, la propriété des
« biens concédés sous le titre de bail à complant, dans le
« département de la Loire-Inférieure ;

« Que la portion de fruits que s'y sont réservée les bail-
« leurs, doit leur être payée sans difficulté par les preneurs,
« lesquels ne peuvent forcer les bailleurs d'en recevoir le
« rachat ;

« Et qu'enfin, le Ministre des Finances doit prescrire à
« la régie de l'enregistrement de se conformer à ces prin-
« cipes relativement aux redevances de cette nature, qui
« appartiennent à la nation . »

Il semblerait qu'après cet avis du Conseil d'Etat, la
question devait être définitivement tranchée, et que le bail
à complant en Loire-Inférieure serait dorénavant considéré comme non translatif de propriété. Pourtant ce qu'on
a écrit et plaidé autrefois sur cet avis, remplirait des volumes et nous ne devons pas nous en étonner. Colons et
propriétaires qui avaient des intérêts opposés, puisqu'il
fallait déposséder ces derniers pour enrichir les autres,
soutinrent les thèses contraires, et l'on vit outre les arguments de droit, les considérations historiques et philoso-
phiques abonder en la matière. Des jurisconsultes d'un
grand renom, se prononcèrent contre la théorie du Con-

seil d'État, faisant valoir les arguments de droit tirés d'un arrêt de la Cour de Poitiers de 1808, et continuèrent à enseigner que ce bail est entaché de féodalité, qu'il devrait disparaître ou être soumis au rachat, qu'il était par conséquent translatif de propriété, et se basant sur les idées de l'époque nous trouvons dans leurs enseignements ou leurs plaidoiries des phrases ainsi conçues : « Le bail à devoir a été la dernière manifestation de ce système de concessions qui constituait la propriété féodale. Est-ce que ce vestige restera dans un coin de la France, comme une épave de la société disparue, en opposition avec les institutions aujourd'hui existantes ? Le département de la Loire-Inférieure aura donc le triste privilège de conserver cet embryon de la Féodalité ? On trouvera toujours dans cette contrée, le droit de culture qui frappe d'une mutabilité le sol qui lui est inféodé ! à tout jamais !!! Prenez garde que nos paysans ne considèrent la part qu'ils doivent au propriétaire, comme un reste des prestations en nature que percevaient autrefois les seigneurs et le clergé et se figurent, à tort il est vrai, mais avec quelque apparence de raison, que grâce à de hautes influences ces prestations ont été conservées dans la Loire-Inférieure, tandis qu'elles ont été abolies partout ailleurs (1). » Tout ceci n'était que la traduction exacte de l'esprit révolutionnaire et ne pouvait avoir une grande influence sur le sort de nos baux à

____

(1) De Trémaudan, *Usages et coutumes de la Loire-Inférieure.*

complant. Plus sérieux étaient les arguments de droit qui se dressaient devant l'avis du 4 thermidor an VIII.

On reprochait, et on reproche encore de nos jours à cet avis du Conseil d'État, d'avoir assimilé le bail à complant au bail à domaine congéable usité dans certaines provinces de Bretagne. Nous trouvons en effet des auteurs contemporains, MM. Garsonnet (1) et Aubry et Rau (2), qui soutiennent que l'assimilation est inexacte et que si le bail à domaine congéable a résisté aux décrets des 15 et 28 mars 1790, ce n'est pas une raison pour ne pas les appliquer au bail à complant.

Pourtant si l'on lit bien attentivement le texte de l'avis du Conseil d'Etat du 4 thermidor an VIII, peut-on dire qu'il établit entre les deux baux une analogie parfaite. Il nous semble que non ; nous voyons dans le texte ces mots : « Considérant aussi que la tenure dont il s'agit rentre dans l'espèce de celle connue sous le nom de tenure convenancière ou à domaine congéable », ce qui ne veut pas dire que les deux tenures sont identiques mais que l'une et l'autre offrent des caractères communs qui permettent de raisonner avec justesse sur les deux à la fois, à propos de certains points.

Qu'est-ce d'abord que le bail à domaine congéable. Le bail à domaine congéable est une forme particulière du louage, usité en Bretagne. Dans ce genre de bail, dit

(1) Garsonnet, *Histoire des locations perpétuelles*, p. 542.
(2) Aubry et Rau. *Droit civil*, tome II, p. 452, note 10.

M. Planiol, le fermier ou colon est propriétaire de tous
les édifices et superfices, qui, comprennent non seulement
les plantations et les bâtiments, mais aussi tous les travaux
capables d'améliorer le sol, fossés, drainages, talus,
puits, etc., tout ce qui est dû au travail de l'homme. A raison
son de cette propriété on l'appelle le domanier. Le propriétaire du fonds n'a que le terrain nu (et pour cela on
l'appelle foncier) avec les arbres qui y poussent spontanément (arbres fonciers). Pour comprendre le domaine congéable, il faut se reporter à la concession primitive et
supposer la terre nue, ou du moins dans son état naturel.
Le propriétaire la concède au cultivateur; moyennant une
rente annuelle très légère, appelée rente convenancière, à
laquelle s'ajoutent ordinairement des prestations en nature
également minimes (blés, beurres, volailles, etc.) et il
peut congédier le domanier et réunir à son fonds dont il a
la propriété, la propriété des édifices et superfices, à la
charge de lui en payer la valeur, à moins qu'il ne soit
intervenu entre les deux parties un contrat indéfiniment
renouvelable et appelé « baillées d'assurances », d'après
lequel, le congément ne peut être exercé pendant un certain
temps. De son côté, le colon ou domanier pouvait déguerpir quand il trouvait la rente convenancière trop lourde (1).

D'après cette étude rapide du bail à domaine congéable,
on voit donc que l'avis du Conseil d'État n'a point commis

____

(1) Planiol, *Traité élémentaire de droit civil*, tome I, p. 448,
n° 1236. Tome II, p. 564. Nos 1856 et suivants.

une grosse erreur, en assimilant le complant à cette tenure convenancière. Dans l'une et l'autre en effet, nous voyons un propriétaire abandonnant un fonds à un colon à charge pour ce dernier de le cultiver ; dans le bail à domaine congéable, le colon est propriétaire des édifices, des superfices, de tous les travaux qu'il a entrepris pour la culture ; dans le bail à complant, — du moins dans le département de la Loire-Inférieure, nous voyons aussi le colon demeurer propriétaire des plants de vignes qu'il a confiés au sol sur lequel va s'exercer son droit —; et dans l'un et l'autre cas, si le propriétaire concède un terrain à cultiver, il ne se dessaisit pas de la propriété du fonds, il n'a droit qu'à une redevance annuelle qui représente le prix de la jouissance du colon. La seule différence qui existe entre les deux tenures, c'est l'exercice du congément. Mais cette différence met-elle obstacle à l'assimilation faite par le Conseil d'État? Ce dernier, qui d'après les baux et les documents qu'il avait vus, considérait le bail à complant comme réservant la propriété du fonds aux bailleurs, faisait rentrer ce bail dans la même classe que le bail à domaine congéable, et ordonnait que les mêmes principes soient appliqués pour l'un et l'autre, au point de vue de l'influence des lois relatives à l'abolition des droits féodaux et au rachat des redevances non supprimées, mais il n'entendait pas que l'exercice de ces deux baux soit absolument identique ; il ne faut donc pas s'étonner que le congément qui existe dans le bail à domaine congéable ne se montre pas dans le bail à complant. Ce congément du reste, qui est de la nature du bail à domaine congéable, peut être valablement supprimé sans que le contrat en soit modifié dans son essence ; on permet bien au foncier de s'interdire par les baillées d'assurance, le droit au congément, pendant un certain temps, pourquoi ne pas lui reconnaître le droit de se l'interdire à tout jamais? Cette assimilation est donc fondée, et en agissant ainsi le Conseil d'État a entendu refuser aux colons à complant le droit de propriété sur le fonds concédé, ils sont dans la même situation qu'un domanier.

On a prétendu aussi, dit M. Gellibert des Séguins dans le rapport qu'il présenta à la chambre des députés, à propos de la loi du 8 mars 1898, que le Conseil d'État n'avait émis cet avis que pour être agréable au Gouvernement et le tirer d'embarras (1). C'est donc que d'après certains auteurs cet avis n'était pas en communion d'idées avec les lois abolitives de la féodalité. C'est ce que nous disent en effet MM. Aubry et Rau (2). Ces auteurs reprochent au Conseil d'État de s'être écarté des décrets des 15 et 28 mars 1790 et 17 juillet 1793, en déclarant non rachetable, un bail qui rentre évidemment dans les champarts de toute espèce et de toute nature, déclarés rachetables par ces décrets, et des principes de Merlin sur le rachat, en ne soumettant pas au rachat un bail, qui, ne fût-il pas translatif de propriété par sa nature, le devenait par sa durée.

(1) Annexes 2337. *Documents parlementaires*. Chambre-rapport de M. Gellibert des Seguins, sess. ord., Séance du 12 mars 1897.
(2) Aubry et Rau. *Droit civil*, t. I, page 8.

Nous reviendrons plus tard sur la question de savoir si la durée d'un bail peut avoir pour résultat de faire passer la propriété du fonds sur la tête du preneur; pour le moment occupons-nous seulement des décrets de 1790, et demandons-nous, si du moment que le complant n'est pas translatif, il a été atteint par les lois abolitives.

Reportons-nous d'abord aux décrets des 12 et 28 mars 1790, nous lisons dans l'article premier: « Seront simplement rachetables, tous les droits et devoirs féodaux ou censuels utiles qui sont le prix d'une concession primitive de fonds ». Ce qui indique bien qu'il y a eu transfert de propriété, et que le décret ne veut autre chose que de libérer de certaines redevances les propriétaires de fonds. Mais rien dans tout cela n'indique que le législateur a voulu spolier un bailleur, en lui arrachant sa propriété et en la donnant à son preneur, ce qui serait le cas si l'on déclarait rachetable la redevance due dans notre bail à complant. Peut-être nous dira-t-on que si l'on déclare cette redevance rachetable, c'est qu'elle tombe sous le coup du décret du 15 mars 1790, qui étend celui du 12 mars de la même année, à toutes les rentes foncières perpétuelles. C'est alors assimiler la redevance du bail à complant non translatif, à une redevance foncière; pourquoi alors ce décret ne spécifie-t-il pas pour le bail à complant, comme il le fait pour le bail à locatairie perpétuelle dans son article 2, que la redevance de ce dernier sera rachetable précisément parce que l'on avait soutenu que ce contrat ne transférait pas la propriété. C'est donc que dans l'esprit de la loi, une redevance due dans un contrat qui ne transférait pas la propriété n'était pas soumise au rachat.

Quant à la loi du 17 juillet 1793, elle ne fait que supprimer les redevances que le décret du 25 août avait conservées, et laisse subsister, pour le rachat, les lois antérieures.

Nous sommes donc en droit de dire que le Conseil d'État en rendant son avis, n'a fait qu'appliquer à la lettre l'esprit de la Révolution. Nous avons vu en effet que les lois abolitives de la féodalité, ne voulaient qu'une chose, affranchir la propriété foncière des charges qui la grevaient, mais elles ne demandaient point que les parties changeassent un état de choses existant entre eux de par un contrat qui était né avant la chute de l'ancien régime ; elles n'auraient pu en effet, comme le dit M. Boulay-Paty dans son rapport, « forcer un propriétaire à convertir en un acte de vente un bail à ferme ».

Il est facile de comprendre maintenant pourquoi, en étudiant l'effet des lois abolitives de la féodalité sur notre bail à complant, nous disions que la question du rachat des redevances foncières, touchait de près celle du transfert de la propriété, et il nous suffit de conclure maintenant en ce qui concerne le bail à complant, à ceci, conclusion du reste que nous avons déjà mentionnée. Dans un bail à complant, la redevance ne sera rachetable que quand ce bail opérera sur la tête du colon transfert de la propriété.

Mais, dira-t-on, pour quelles raisons le Conseil d'État

a-t-il conclu au caractère non translatif de propriété? Nous savons que l'on a reproché au Conseil d'État, de n'avoir rendu son avis simplement, sur le vu de quelques baux, et que rien ne l'autorisait à prendre une décision aussi importante d'après un aussi petit nombre de documents. A ceci nous répondrons, que le Conseil d'État loin d'agir à la légère, s'est entouré de garanties suffisantes pour rendre une décision qui n'était pas opposée aux habitudes générales de la région. Nous avons vu qu'avant d'émettre son avis une commission fut formée. Cette commission avait étudié et des baux et des documents de toutes sortes, et parmi ces documents, citons un acte de notoriété du tribunal civil de Nantes, du 4 nivôse an VIII, et avant 1789 une délibération des États de Bretagne du 11 novembre 1760, une délibération du Général de la paroisse de Saint-Julien de Concelles en date du 8 avril 1787, enfin une délibération de la commission intermédiaire des États de Bretagne du 11 mars 1788; et dans tous ces documents, nous ne voyons point les colons réclamer la qualité de propriétaires. Nous trouvons ces documents dans le rapport de M. A. Delalande, à propos de la loi du 8 mars 1898, sur le régime des vignes à complant. Nous ne pouvons, vu leur importance, faire autrement que de les reproduire.

ANNEXE V

Extrait d'une délibération des États de Bretagne en date
du 11 novembre 1760. — (A. Delalande, Rapport sur les
vignes à complant).

Les États sur l'art. III du projet de tarif ont, conformément à
l'avis de la Commission, ordonné et ordonnent que dans les
observations, il sera ajouté, que les actes de prises à complant ne doivent pas être assujettis aux droits d'insinuation,
parce qu'ils ne sont point translatifs de la propriété du fon 's;
les colons plantent les vignes, ils ont seulement un droit de
culture sur le fruit des plantations; ils peuvent même être
expulsés s'ils négligent de façonner les vignes en temps et
saisons, de cultiver et engraisser le fond qui leur a été confié.

ANNEXE VI

Délibération du Général de la paroisse de Saint-Julien-
de-Concelles en date du 8 avril 1787.

L'an 1787, le huitième jour d'avril, en la sacristie de cette
Eglise, après le son de la cloche, à la manière accoutumée, se
sont capitulairement assemblés, aux fins du billet de convoca-
tion de dimanche dernier, premier du mois, dûment certifié du
sieur Robart, prestre vicaire,

Honorables personnes, René Moreau de la Drouillardière,
Jules Rousseau de la Vallée, etc..., anciens fabriqueurs et
délibérants.

Lesquels, délibérant sur la lettre leur adressée par MM. les
Commissaires des États..., sur les vignes à complant.

Attestent

Que la culture des vignes forme le principal revenu de notre paroisse.

Que cette culture..... Qu'elle a encore l'avantage de fixer les pauvres laboureurs à la terre, parce que la plupart des vignes sont entre les mains *des colons*, qui, suivant les conventions ou verbales ou par écrit, ou simplement déterminées par l'usage du lieu, faites entre eux et les *propriétaires*, sont chargés de les planter, etc... Que les vignes à complant, dans la main du colon n'ont jamais été assujetties aux droits de rachats de lods et ventes, de franc fief et de centième denier ; que ces droits ont toujours été payés par le *propriétaire* ou *bailleur* du complant c'est lui qui satisfait aux devoirs de fiefs, qui acquitte les rentes foncières, etc., il réunit enfin *sur sa tête tous les attributs et toutes les charges de la propriété.*

Que tel est l'usage qui a constamment régi les vignes à complant du Comté Nantois, usage qui fait la base des conventions entre les propriétaires et les colons; usage qu'on ne pourrait intervertir sans une injustice palpable... usage confirmé par la tentative inutile d'un contrôleur du Lorrain-Bottereau qui fit assigner en 1734 un colon à payer les droits de francs fiefs puisqu'elle fut aussitôt réprimée par M. de la Tour, intendant de Bretagne qui déclare... que les preneurs à complant *n'acquièrent aucune propriété de la vigne*....... que les actes de vignes à complant ne sont point sujets aux droits d'insinuation *parce qu'ils ne sont point translatifs de la propriété du fonds, etc...*

ANNEXE VII

Réclamations des propriétaires et colons des vignes du comté nantais.

La Commission envoye à MM. les députés et procureur syndic

à la Cour, le mémoire et les pièces que MM. les co-députés de l'évêché de Nantes, etc...

Messieurs,

Nous avons l'honneur de vous envoyer par la diligence un paquet contenant différents actes de notoriété qui constatent que l'on ne perçoit point les droits de lods et ventes et de rachat sur les complants des vignes du comité nantais. Ces actes sont en partie souscrits par les seigneurs de fiefs. MM. nos co-députés de ce diocèse y ont joint un certificat du président de Nantes, portant *que le bail à complant ne transfère au cultivateur aucun droit de propriété sur le fonds planté en vignes, etc...*

Acte de notoriété sur le bail à complant, 4 nivôse an VIII.

Les juges du tribunal civil du département de la Loire-Inférieure.

Attestent,

Que suivant l'usage général du ci-devant comté nantais, le bail des vignes à complant et à devoir d'une portion des fruits, telle que du quart, du tiers ou de la moitié, n'est à proprement parler, qu'un bail à fermage pour un temps illimité, qui ne peut être confondu avec le bail à rente, ni avec les baux à complant usités dans les autres pays ;

Que celui-ci transporte la propriété du fonds au preneur, qui peut faire sur l'objet arenté tous les changements que bon lui semble, pourvu qu'il ne le détériore pas et que le fonds puisse répondre du service de la rente ; que le preneur de vignes à complant qui n'a jamais été considéré comme propriétaire du fonds, ne peut en changer la culture et est obligé de faire à la vigne tous les tours et façons et de remplir les autres conditions du bail, sous peine d'être expulsé par le propriétaire ou bailleur du fonds ;

Que le preneur à rente est propriétaire des arbres et haies qui entourent le terrain arenté ; que le preneur à complant n'en

a point la propriété, et que si dans quelques cantons. il a la
disposition des émondes et de la tonte des haies, c'est pour le
dédommager des frais de clôture ;

Que le preneur à rente rendait aveu au seigneur du fief, et
que le preneur à complant n'en rendait pas ;

Que le fermier à rente est imposé au rôle des contributions
foncières. et était assujetti à la réparation des chemins vicinaux ;
que ces réparations ont toujours été à la charge des bailleurs à
complant et que ceux-ci ont seuls été imposés au rôle des
vingtièmes et sont encore seuls imposés aux rôles des contributions foncières ;

Que le preneur à rente est tenu de donner attournance ou
titre nouveau tous les 30 ou 40 ans, et qu'il n'est pas d'usage
qu'on en exige du preneur à complant, qui, n'étant pas considéré comme jouissant *pro suo*, ne peut conséquemment prescrire
contre le bailleur ;

Que le preneur à rente a pu s'en libérer et en faire le franchissement en vertu de la loi du 29 décembre 1790, et que le
preneur à complant n'y a jamais été admis ; que toutes les fois
que le preneur à complant débiteur envers un ci-devant seigneur
de fief, voulut se prévaloir de la loi du 17 juillet 1793, a essayé
de se décharger de la prestation et de la faire considérer comme
féodale, il lui a été ordonné de prouver l'inféodation, et que
faute de cette preuve. il a été condamné d'en continuer le service ;

Qu'admettre les preneurs à complant à se libérer et à faire le
franchissement de leur prestation, ce serait dépouiller les bailleurs de leur propriété et la transporter à leurs colons ou preneurs ; que ce serait leur faire un préjudice considérable, en ce
qu'on rendrait inutiles et sans valeur leurs logements, celliers,
pressoirs, magasins, chaufferies et autres ménageries destinées
à l'exploitation des fruits dont leurs fermiers ou colons leur sont
redevables.

De ces divers documents il ressort donc que le Conseil d'État en rendant son avis, n'a pas obéi aux injonctions du gouvernement, mais s'est borné à confirmer un état de choses existant depuis de longues années.

Enfin en 1837, la Cour de cassation mit fin aux débats et depuis cette époque il est de jurisprudence constante que les complants de la Loire-Inférieure ne sont pas translatifs de propriété. C'était dans une affaire Petit des Rochettes contre de la Tullaye, qui avait été jugée en 1833 par le tribunal d'Ancenis. Le sieur Petit des Rochettes, demandait le rachat à due estimation, des charges, redevances et portions de fruits dont il était tenu comme colon du sieur de la Tullaye en vertu d'un bail à complant. Le tribunal d'Ancenis, s'appuyant sur les documents que nous avons cités, avait débouté le demandeur ; le procès fut porté en appel le 12 mars 1834 ; la Cour de Rennes adopta les motifs des premiers juges et confirma leur jugement. Le sieur Petit des Rochettes se pourvoit alors en cassation pour violation de l'article 1er de la loi des 18-19 décembre 1790 ; de la loi du 2 prairial an II ; des articles 6 et 7 de la loi du 11 brumaire an VII et des articles 529 et 530 du Code civil ; en ce que l'arrêt attaqué a repoussé la demande en rachat d'une redevance foncière remboursable, aux termes des lois invoquées. Bien entendu, les arguments que nous avons vu surgir contre l'avis du Conseil d'État, furent repris à cette occasion ; mais la Cour suprême ne les trouva pas suffisants et rendit l'arrêt suivant qui rejette les prétentions du demandeur.

« Attendu qu'il résulte de l'avis du Conseil d'État du 3
« thermidor an VIII, approuvé le même jour par le chef
« du gouvernement et inséré au Bulletin des lois, que la
« loi du 29 décembre 1790, qui autorise le rachat des rentes
« foncières n'est pas applicable aux baux de vignes à por-
« tion de fruits usités dans le département de la Loire
« Inférieure. »

« Qu'en jugeant dès lors, que le demandeur n'avait pas
« le droit de forcer le sieur de la Tullaye de recevoir le
« rachat de la portion de fruits réservée au profit de ses
« auteurs, par le bail d'une partie de vignes située dans
« le département de la Loire-Inférieure, l'arrêt attaqué
« n'a pas violé la loi du 29 décembre 1790, ni les autres
« lois invoquées par le demandeur » (1).

Cet arrêt tranche donc définitivement la question pour
l'ancien comté nantais, mais il y a d'autres pays, où le
bail à complant est usité, et il nous reste à dire si dans
ces contrées, il est ou non translatif de propriété.

SECTION II

DU CARACTÈRE DU BAIL A COMPLANT DANS LES PAYS AUTRES QUE CEUX DE LA LOIRE-INFÉRIEURE

Bien que le bail à complant soit usité surtout en Loire

(1) S. 37. 1. 864.

Inférieure, il y a d'autres départements comme le Maine-et-Loire, la Vendée et la Charente-Inférieure, où nous trouvons ce contrat dans quelques cantons. Qu'allons-nous décider pour ces départements? La question a toujours fait l'objet de vives controverses et nous ne pouvons guère affirmer d'une façon bien précise, si dans ces régions, le bail à complant est translatif ou non de propriété, au profit du colon.

Nous avons vu qu'en Loire-Inférieure il y avait des raisons sérieuses s'appuyant sur des documents anciens, des monuments législatifs ou de jurisprudence, qui permettaient de conclure au caractère non translatif, mais ici que trouvons-nous? Un avis du Conseil d'État du 21 ventôse de l'an X, mais qui a été si diversement interprété, qu'au lieu de jeter la lumière sur la question, les commentateurs l'ont rendue plus confuse encore. Voici dans quelles circonstances cet avis du Conseil d'État fut rendu : Les propriétaires de vignes à complant des départements voisins de la Loire-Inférieure voyant les avantages qui résulteraient pour eux, si on leur appliquait l'avis du Conseil d'État de l'an VIII, demandèrent que leur situation vis-à-vis de leurs colons, soit bien définie et voulurent qu'on les soumît à l'avis rendu pour la Loire-Inférieure. Le 21 ventôse an X, le Conseil d'État rendit un avis approuvé le 23 messidor et ainsi conçu :

« Le Conseil,

Considérant que, l'avis de l'an VIII a eu pour objet principal de faire connaître, qu'il n'y avait pas de nécessité de recourir au législateur pour fixer des principes déjà sanctionnés par les décrets des 30 mai, 1er, 6 et 7 juin 1791 confirmés par la loi du 9 brumaire an VI, relativement à la tenure convenancière ou à domaine congéable, lois d'après lesquelles les bailleurs des biens concédés à ce titre ont été maintenus dans la propriété de ces biens ;

Est d'avis, qu'il n'y a pas lieu de prendre d'arrêté pour rendre commun aux départements de la Vendée, Maine-et-Loire, ni à tout autre, l'arrêté du 4 thermidor an VIII ; qu'il suffit que les principes aient été établis par cet arrêté pour recevoir leur application partout où les clauses des actes caractérisent la réserve de la propriété au bailleur ».

Après cet avis, il nous semble que, s'il avait été interprété à la lettre, on aurait eu peut-être des difficultés d'appréciation, pour savoir si tel contrat de ce genre rentrait dans la catégorie de ceux usités en Loire-Inférieure et ces difficultés se seraient sensiblement aplanies devant les titres et en leur absence devant les usages locaux mais on aurait évité nombre de discussions. Pourtant on a prétendu que l'avis de l'an X avait refusé aux autres départements l'application de celui de l'an VIII rendu pour la Loire-Inférieure. Dans une affaire jugée en 1re instance par le tribunal de la Roche-sur-Yon et portée devant la Cour de Poitiers, on voit les juges de cette dernière, appliquer strictement les termes de l'an X :

« Attendu, dit la cour de Poitiers, que d'après la coutume du Poitou, qui régnait en Vendée, dans le canton de Chantonay, et dont les dispositions ne sont contredites ni par la loi, ni par un titre ce bail ne transporte aucun droit de propriété des biens au fermier »,

Déclara que le tribunal de La Roche-sur-Yon avait mal jugé, en prétendant le contraire (1). Et M. Surville, professeur à la Faculté de Droit de Poitiers, dans une note qu'il communique dans le Sirey à propos de l'arrêt de la Cour, blâme cet arrêt et dit qu'en Poitou les baux à complant sont translatifs de propriété, car il y a eu concession perpétuelle, et même sans s'arrêter à cette idée, que nous réfuterons du reste dans quelques instants, il ajoute que l'avis du Conseil d'État de l'an VIII, — dont il regarde l'opinion comme contestable — ne peut être appliqué aux départements voisins, puisque « l'avis de l'an X lui enlève toute portée pour l'interprétation des baux à complant dans les pays ressortissant de l'ancienne coutume du Poitou (2) ».

Il est certain que l'avis du Conseil d'État de l'an VIII, n'a été fait que pour le département de la Loire-Inférieure, on se rappelle pourquoi et à quelle occasion il fut rendu, et la phrase émise par la commission des Cinq-Cents en l'an VI. « Il n'est rien préjugé sur le complant régi par les coutumes voisines telles que celles du ci-devant Poitou, du Maine, de La Rochelle ». Et si l'on ne possédait que ce document, on devrait trancher la question dans le sens de la négative, et refuser le caractère non translatif aux

(1) Sirey. 94. II. 201.
(2) *Ibid.*, Note de M. Surville.

complants des départements voisins. Mais il existe l'avis
de l'an X que nous avons mentionné plus haut ; il refuse
en effet d'étendre le précédent aux autres départements,
c'est-à-dire de déclarer dans ces départements les baux à
complant, non translatifs de propriété, mais il reconnaît
les principes émis dans l'avis de l'an VIII, et il déclare
que partout où les clauses de la réserve de la propriété
se rencontrent, on aura le droit de l'appliquer. Donc, au
lieu de lui enlever toute sa portée d'interprétation pour
les départements limitrophes, l'avis de l'an X, contrairement à ce que dit M. Surville, semble plutôt le confirmer,
puisqu'il en permet l'application toutes les fois qu'il sera
possible de le faire. Remarquons bien, en effet, que nous
n'allons pas jusqu'à dire, que l'avis du Conseil d'État de
l'an X, déclare comme en Loire-Inférieure les baux à
complant des autres départements non translatifs de
propriété, rien dans cet avis ne nous autoriserait à le
faire; mais ce que nous admettons et avec raison, c'est
que toutes les fois que nous rencontrerons un bail à complant ayant les mêmes caractères qu'en Loire-Inférieure,
nous le déclarerons non translatif: ou en d'autres termes,
celui qui prétendra se voir appliquer l'avis de l'an VIII,
devra prouver que le contrat dont il s'agit n'est pas translatif de propriété, tandis que cette preuve n'aura pas
besoin d'être faite pour un complant de la Loire-Inférieure
puisque l'avis de l'an VIII les a déclarés non translatifs
de propriété.

Voilà à notre sens la façon rationnelle d'interpréter

l'avis du Conseil d'État de l'an X, cet avis ne demande
qu'une preuve à faire de la part du demandeur, et quand
cette preuve sera faite, quand le demandeur aura prouvé
qu'il est dans le cas prévu par l'avis de l'an VIII, on lui
appliquera cet avis, et nous n'irons pas jusqu'à dire,
contrairement à la Cour de cassation (1), que pour les
baux des autres départements, il y ait présomption de
non translation de propriété, l'avis du Conseil d'État de
l'an X ne permet pas d'établir cette présomption; en
disant qu'on appliquera les principes de l'avis de l'an VIII
« partout où les clauses des actes caractérisent la réserve
« de la propriété »; il semble bien que cette réserve de la
propriété ne doit pas être présumée, mais qu'elle doit au
contraire être prouvée.

SECTION III.

COMMENT POURRA-T-ON DÉTERMINER SI UN CONTRAT EST TRANSLATIF DE PROPRIÉTÉ OU NON TRANSLATIF DE PROPRIÉTÉ.

Puisque nous admettons qu'il faudra prouver le caractère non translatif, pour pouvoir appliquer aux baux des
autres départements, l'avis du Conseil d'État de l'an VIII,
il nous faut indiquer comment on arrivera à reconnaître
ce caractère, dans le cas où le titre ne s'en expliquerait
pas formellement.

(1) Sirey, 97. 1. 10.

Il est certain d'abord que quand le titre s'en explique formellement, il n'y a aucunes difficultés. Quand nous nous trouverons en présence d'un bail à complant où seront consignées des clauses telles, que le colon se considère comme un fermier ordinaire, quand il sera indiqué, que le propriétaire payera les contributions, réparera les chemins d'exploitation, aura droit seul aux arbres qui croissent sur le terrain, etc..., enfin quand l'on sera en face de toutes les clauses énumérées par l'arrêté de l'an VIII, il n'y aura aucun doute sur la façon dont jouit le colon. Puis, quand les clauses ne seront pas très explicites, ou quand les titres auront été perdus, ou n'auront jamais existé, il faudra se reporter aux usages locaux, avoir recours aux vieilles coutumes, compulser les baux des pays voisins et voir si l'habitude de la contrée, est de les considérer suivant l'un ou l'autre caractère, on ne peut donc pas poser de règles bien générales en cette matière, tout se bornera à une question d'interprétation.

Mais ce que nous ne pouvons accepter, c'est la théorie enseignée par Merlin, et par laquelle on soutient que lorsque le droit conféré au preneur est perpétuel et incommutable, le bail devait être considéré comme translatif de propriété. Nous avons déjà rencontré cette opinion bien des fois, nous l'avions mentionnée, nous allons essayer de la réfuter.

Pour Merlin donc, le bail à complant était translatif de propriété, car la jouissance du complantaire était perpétuelle. Il avait émis cet avis, dans des conclusions qu'il

avait apportées à la Cour de cassation à propos d'une
affaire jugée d'abord par la Cour de Poitiers (1). La Cour
de cassation avait du reste rejeté le pourvoi et confirmé
l'arrêt de la Cour de Poitiers ; est-ce sur les conclusions de
Merlin que la Cour de cassation déclara le bail à complant
translatif de propriété, peu importe, ce que nous étudions
c'est la théorie dont il se servit pour démontrer que le bail
à complant avait ce caractère.

La plupart des auteurs du reste se sont élevés contre
cette opinion, et nous ne pouvons mieux faire pour en démontrer la fausseté, que de citer leurs arguments.
M. Cauwès nous dit à propos d'un décret du 2 prairial
an II, qui reconnaissait comme propriétaires les preneurs
en vertu de baux à culture perpétuelle « que ce décret procède d'une erreur doctrinale antérieurement commise par
Merlin et Tronchet, suivant laquelle un droit perpétuel de
jouissance est incompatible avec l'idée d'un bail simple à
loyer. Il est au contraire bien certain que plus d'un bail perpétuel ancien ne conférait qu'une simple jouissance, comme
la locatairie perpétuelle du Languedoc, et qu'en revanche
la concession d'un domaine utile pouvait accompagner une
concession à long terme mais non perpétuelle (2) ».
M. Garsonnet dit qu'en droit cette opinion était inexacte.
Pourquoi, dit-il, « la jouissance perpétuelle d'une personne
serait elle incompatible avec la propriété d'une autre ? On

(1) Sirey. S. q. 1. 119. Neuvième vol. de l'anc. collection Sirey.
(2) Cauwès. *Grande Encyclopédie.* V. « Bail à complant ».

arrive ainsi à exiger d'un bail deux caractères pour échapper au rachat, être non translatif et temporaire » (2).

Puis si la théorie de Merlin eut été fondée, les baux de la Loire-Inférieure n'auraient pu être non translatifs de propriété, et il faudrait accuser le Conseil d'État d'avoir commis une erreur juridique en rendant son avis de l'an VIII. A ceci Merlin nous répond du reste, que si les baux de ce département ne sont point translatifs, c'est qu'ils ne sont pas perpétuels et incommutables; pourtant les documents que nous avons cités, assignent bien une durée indéfinie, et pour n'en citer qu'un, reportons-nous à la délibération du Général de la paroisse de Saint-Julien de Concelles, où nous voyons « que le bail des vignes à complant, est de sa nature indéfini pour la durée qu'il doit avoir lieu ». On pourrait également citer le rapport de M. Boulay-Paty qui relate que les baux de la Loire Inférieure, pour la plupart ne sont point révocables au gré du bailleur, que les seules causes de résolution du contrat sont le défaut de culture et autres faits indépendants de la volonté du bailleur. C'est donc que contrairement à l'assertion de Merlin ces baux sont perpétuels et incommutables; et c'est quoique ayant ce caractère qu'ils ont été assimilés à des baux ordinaires sauf la durée. Il n'est donc pas juste de dire que toutes les fois que la jouissance accordée au colon est indéfinie, quant à la durée, et qu'elle

(2) Garsonnet. *Hist. des loc. perpétuelles*, p. 541.

n'est pas révocable par la seule volonté du bailleur, il y ait transmission de propriété (1).

Au surplus, ajoute Merlin, le droit ne cesse pas d'être perpétuel et incommutable, par cela seul que le bailleur se serait réservé de rentrer dans son fonds, soit en cas d'extinction de la postérité du preneur, sans limitation de degrés, soit pour défaut de culture, soit enfin à l'époque où les vignes seront trop vieilles pour rapporter des fruits ; que dans tous ces cas l'événement opère résolution du droit qui avait été transmis, mais n'empêche pas que la propriété n'ait résidé sur la tête du preneur ; que, pour ôter à un bail le caractère d'aliénation, il faudrait que le bailleur eut la faculté de congédier le preneur à son gré ou du moins qu'il fût stipulé que la jouissance du preneur cesserait à une époque fixe, quelque éloignée qu'elle fût, ou même à une époque incertaine, mais dépendante d'un événement qui dût infailliblement arriver, tel que la mort de chacun des preneurs, celle de leurs enfants nés ou à naître, ou même celle de leurs petits-enfants (2). Tout ceci, il nous semble, ne prouve pas que le bail à complant soit translatif de propriété. L'objection de Merlin se comprend facilement ; malgré les clauses résolutoires, dit-il, la propriété est transférée, car ces clauses ne détruisent pas le caractère de perpétuité et d'incommutabilité du contrat, mais ce qui se comprend moins bien, c'est, même

(1) Toullier continué, par Duvergier, t. XVIII, p. 173.
(2) Merlin. *Répertoire*. Voyez « Vignes ».

en admettant que ce double caractère ne soit pas détruit
— et nous sommes en droit de nous demander pourquoi
— de voir la propriété se fixer malgré ces clauses sur la
tête du preneur. Merlin a oublié, que c'était là la question
principale, et qu'avant tout il devait démontrer que la
propriété avait appartenu au colon, que ce dernier avait
obtenu ce droit du bailleur, car, pour qu'il rende la propriété à son bailleur; il faut bien que ce dernier la
lui ait d'abord transférée. Or rien, nous semble-t-il, ne
peut autoriser cet auteur à avoir de semblables opinions.
Il nous suffit en effet de jeter les yeux sur certains baux
de Maine-et-Loire, que M. Beucher a consignés dans sa
thèse, et nous voyons que le bailleur, au moyen de ces
clauses résolutoires, reprend la jouissance des vignes, mais
dispose du fonds à son gré, rien ne démontre que la propriété du fonds lui fasse retour, c'est donc qu'il ne l'avait
pas perdue. Il est certain que ces clauses visées par
Merlin, ne sont pas incompatibles avec un bail à complant,
translatif de propriété. On conçoit parfaitement une propriété transférée sous condition, mais on ne peut poser
en règle générale que toutes les fois que l'on rencontrera
dans un bail à complant, autre que ceux de la Loire-Inférieure, des clauses de cette nature, ce bail sera translatif de
propriété.

Nous citons en note les documents rapportés dans la
thèse de M. Beucher (1).

(1) Acte du 3 janvier 1720. Thèse de M. Beucher. *Le bail à complant en Maine-et-Loire.* Les bailleurs des hoirs pourront, si bon leur

A propos de l'influence de la condition résolutoire sur les baux à complant, on a été jusqu'à dire que dans ce cas le bail à complant était une vente à temps (1). Or nous savons qu'un droit qui consiste dans le pouvoir de disposer d'une chose de la manière la plus absolue ne peut appartenir à celui qui devrait certainement, à une époque déterminée, restituer cette chose, et comme notre complant prendra fin inévitablement à l'époque plus ou moins lointaine du dépérissement de la vigne, il ne peut transférer la propriété (2).

Que décider alors pour les complants de la Vendée et de Maine-et-Loire et de la Charente-Inférieure, étant donnés les moyens que nous avons à notre disposition pour reconnaître le caractère translatif ou non translatif de ce contrat. Nous ne pouvons guère donner une réponse générale à cette question, il nous faudrait compulser tous les baux à complant de ces différents pays, et bien que peu nombreux, ce travail eut pu remplir des volumes, nous déciderons donc et d'après les anciennes coutumes, et

semble, s'emparer du total et en faire leur propre ou en disposer à leur volonté, sans aucune formalité de justice et sans que lesdits preneurs puissent en empêcher, ni même demander et prétendre aucun dédommagement pour ladite reprise du total.

Acte du 31 mars 1751. Si les vignes sont négligées de toutes façons il lui est loisible d'en prendre le total des fruits, et de disposer du fonds comme bon lui semblera de plein droit et sans aucune formalité quelconque.

(1) Rolland de Villargues. *Rep.* V. « Bail à complant ».
(2) Demolombe t. IX, n° 546.

d'après les usages locaux. Pour le Maine-et-Loire nous avons l'opinion de M. Beucher qui nous montre que d'après les conditions de l'introduction et du développement du bail à complant en Anjou, d'après la coutume, et d'après les clauses, il n'est pas dans ce département translatif de propriété. Pourtant nous connaissons des opinions en sens contraire, et nous trouvons dans les quelques auteurs qui parlent du bail à complant, cette idée nettement exprimée, que les baux en usage dans les coutumes du Maine, du Poitou, d'Anjou, de La Rochelle, de Saint-Jean-d'Angély différaient de ceux qui se faisaient aux environs de Nantes. C'était, du reste on se le rappelle, les propres paroles de Boulay-Paty dans son rapport à la Commission des Cinq-Cents.

A notre époque, il est un fait certain, c'est qu'en Poitou, ou mieux dans les départements de la Vendée, Vienne et Deux-Sèvres, la jurisprudence admet que les baux à complant ne sont pas translatifs de propriété. L'arrêt de la cour de Poitiers, auquel nous faisons allusion, se basant sur la vieille coutume du Poitou, lui reconnaît ce caractère (1); la Cour de cassation en fait autant (2), c'est donc qu'il y a de justes raisons de le décider ainsi.

En effet, si nous nous reportons à plusieurs centaines d'années en arrière, au développement du bail à complant dans l'ouest de la France, nous voyons, bien que la ques-

____

(1) Sirey, 94. 2. 201.
(2) Sirey, 97. 1. 10.

tion soit quelque peu nuageuse, que c'est en Poitou que ce bail a commencé à s'implanter avec son caractère actuel, de là il est passé en Bretagne, dans l'ancien comté Nantais, et il semblerait singulier de voir ce contrat changer de nature dans cette province, car là sans aucun doute, il n'est pas translatif de propriété; c'est donc que dans la province voisine il ne l'était pas non plus.

Puis en étudiant les coutumes des deux provinces, nous y trouvons les mêmes idées; pour le défaut d'entretien des vignes, par exemple, nous remarquons que la résolution a lieu de plein droit dans les deux pays, que dans ce cas, point n'est besoin de l'autorité de justice, c'est donc que les contrats avaient le même caractère, car si nous nous reportons à d'autres coutumes, où notre bail à complant est translatif, nous voyons que dans ce cas, l'autorité de justice est nécessaire pour permettre au bailleur de reprendre la propriété du vignoble.

Quant aux clauses des baux des deux pays, ils se rapprochent tellement les uns des autres que l'on peut dire, avec la cour de Poitiers que nous avons citée, que rien dans les titres de la province du Poitou ne peut permettre de conclure pour cette contrée au caractère translatif. Il y a du reste une chose qui doit nous frapper, si le complantaire était propriétaire, il aurait droit de vendanger au jour qu'il lui plairait, et n'aurait pas besoin de la permission du bailleur pour couper les fruits de la vigne. Or, en Poitou, nous dit M. Hérold, le bailleur du terrain fixe le jour de la vendange sans la permission du complantaire, tout comme dans le comté Nantais. C'est donc que pour les deux pays le bail à complant a le même caractère : il n'est pas translatif de propriété.

Pour les baux à complant du Maine-et-Loire, ancienne province de l'Anjou, la question est plus délicate. Nous trouvons en effet un jugement récent du tribunal de Cholet qui déclare dans un jugement du 28 mai 1897 que le bail à complant de ce département doit être assimilé à ceux de la coutume de La Rochelle, et par conséquent doit être considéré comme translatif de propriété ; à l'appui de cette opinion, ce jugement cite le fait que le colon peut hypothéquer sa vigne ; or, on ne peut donner hypothèque que sur une chose dont on est propriétaire ; puis ajoute ce même jugement, les complantaires devaient user et jouir de la vigne comme propriétaires perpétuels et incommutables puisque le contrat est féodal, et enfin que l'obligation d'entretenir en bon état l'héritage était de la nature du bail à rente, toujours translatif de propriété, qu'elle s'y trouvait généralement exprimée et que dans le cas contraire, elle y était même sous-entendue.

Il est certain que ces raisons alléguées par la jurisprudence, ne prouvent pas d'une façon péremptoire que notre bail à complant soit translatif de propriété, en Maine-et-Loire. Le colon peut hypothéquer sa vigne, dit le jugement ; donc il est propriétaire ; mais comment prouver qu'il est propriétaire ; or c'est justement ce qu'il faut démontrer. Peut-être trouverions-nous des cas où un colon a hypothéqué sa vigne, mais en avait-il le droit : toute la question est là, et même s'il en avait le droit, est-ce que cette hypothèque démontrerait le transfert de la propriété sur sa tête; dans le domaine congéable, où le domanier n'est pas considéré comme propriétaire, on trouve des hypothèques consenties par ce dernier, mais portant sur les superfices; pourquoi le complantaire n'aurait-il pas le droit d'hypothéquer lui aussi, s'il possède un droit sur les superfices du fonds qui lui a été concédé; ce droit de superfice n'est pas incompatible avec la théorie générale du bail à complant. On voit bien en Loire-Inférieure des colons, auxquels le plant de vigne appartient: pourtant dans ce département, le bail à complant n'est pas translatif de propriété. Puis autrefois, le droit du colon était probablement immobilier et par suite susceptible d'hypothèque; c'est du reste ce qui se passait dans la coutume du Poitou, où nous avons vu que le bail à complant n'était pas translatif de propriété: dans l'article 61 de la coutume de cette province, Boucheul nous dit : « Toutefois, cette réunion que le seigneur fait à son domaine, ne fait point préjudice aux droits et hypothèques des créanciers à la charge de préférence au seigneur pour ses droits et redevances que pour ses dommages-intérêts faute d'avoir façonné et cultivé les vignes » (1). Ce n'est donc pas parce que certains colons ont pu hypothéquer leur droit de complant, que l'on peut dire qu'ils sont propriétaires en Maine-et-Loire du fonds concédé.

(1) Boucheul, *Cout. du Poitou*, art. 61.

Quant à la théorie émise par le jugement du tribunal de Cholet, qui consiste à-dire que puisque le complant était féodal, les complantaires étaient considérés comme propriétaires perpétuels et incommutables, nous l'avons réfutée en étudiant le caractère féodal de notre contrat, et avons expliqué que le caractère féodal d'un contrat, pouvait se comprendre même avec la réserve de la propriété.

Reste donc l'assimilation que fait le jugement, du bail à rente avec notre contrat. Au premier abord certes, ces deux contrats semblent différer peu l'un de l'autre, et l'on est tenté de les rapprocher, pourtant l'on voit que les deux obligations dans ces contrats, n'ont entre elles aucune ressemblance. Si le preneur à rente est obligé d'entretenir l'héritage en bon état, c'est pour assurer le service de la rente; il n'est propriétaire de l'héritage, qu'à cette charge « payer la rente », donc il doit jouir en bon père de famille pour assurer ce payement; puis, son obligation peut comprendre des obligations bien différentes, suivant l'héritage sur lequel s'exerce le droit; enfin quand il ne remplit pas son obligation, le bailleur n'a contre lui qu'une action en résolution. Dans le bail à complant, au contraire, le colon doit entretenir la vigne en bon état, non à cause de la redevance, mais parce qu'il y est tenu par le contrat, il doit faire certaines façons à la vigne, et il ne peut en omettre; puis, c'est la vigne qu'il doit cultiver et non autre chose, et il n'a pas même le droit de la remplacer quand elle périt par vétusté; quant à la résolution du contrat, elle a lieu de plein droit, par la volonté du bailleur, quand le

colon ne satisfait point à ses engagements. On ne peut
donc raisonner sur l'un de ces contrats pour en tirer des
conclusions que l'on appliquera à l'autre.

Le jugement du tribunal de Cholet a donc mal jugé en
déclarant le bail à complant translatif de propriété, s'appuyant sur les arguments que nous venons de mentionner.

M. Beucher qui soutient et à juste titre, croyons-nous,
que le bail à complant en Maine-et-Loire n'est pas translatif de propriété, fait remarquer que ce contrat, en passant
du Poitou en Bretagne, a traversé l'Anjou, et que probablement il a pris les mêmes caractères que dans ces deux
provinces, étant donné surtout que les cantons dans lesquels il s'est développé, sont en rapport constant avec
ceux des autres pays où il existe. Il est certain que c'est
là une raison sérieuse de conclure au caractère non translatif de propriété dans ce département, surtout quand elle
est corroborée par d'autres arguments juridiques qui nous
semblent probants. Olivier de Saint-Vast en effet, définit
le complant, un héritage dont on abandonne la jouissance
à quelqu'un pour planter en vignes, à la charge par l'acquéreur de payer une partie des fruits au propriétaire;
l'accouplement de ces deux mots dans la définition citée
par le commentateur de la coutume d'Anjou, ne peut être
l'effet du hasard, et démontre bien que le bail à complant
dans ce département n'était considéré que comme un bail,
et plus loin, nous trouvons dans le même auteur, une
phrase empruntée à Bodreau : « La chose (baillée à complant) ne sort point de la famille du bailleur et elle y

rentre du moins le terme expiré et par ainsy la pleine
propriété n'est point transférée ».

Puis, les baux que nous trouvons sont conçus à peu
près dans les mêmes termes que ceux de la Loire-Inférieure ; il est vrai que l'on trouve dans certains actes,
les colons prendre le nom de propriétaires, mais comme
le fait remarquer M. Beucher, ces actes sont des actes
récognitifs, des actes unilatéraux par conséquent et par
lesquels les bailleurs sont forcés de subir la volonté de
leurs colons ; car eux ne le peuvent pas, sans se fonder
sur l'article 2263 du Code civil, dont le preneur se pré-
vaudrait ensuite pour prouver que la redevance dont il a
été ainsi passé reconnaissance, n'est qu'une rente foncière ; on trouve aussi le mot propriétaire dans les actes
que les colons passent entre eux, soit pour céder leurs
droits, soit pour le partager, soit pour l'échanger ; mais
rien ne prouve qu'ils aient qualité pour prendre ce titre,
d'autant plus que ces mêmes actes se passaient aussi en
Loire-Inférieure. Enfin comme dans ce département, les
colons de Maine-et-Loire, ne peuvent vendanger sans la
permission du propriétaire (1), c'est ce dernier qui paye
l'impôt, bien que dans les baux récents on voit l'impôt à
la charge du colon ; mais n'oublions pas qu'il n'acquitte
cette charge que par conventions passées avec le propriétaire, et qu'il ne paye la redevance que sous déduction de

(1) L'institution du ban de vendange n'est plus en usage ; et nous
avons vu qu'autrefois, si on ne demandait pas, pour vendanger, l'autorisation du bailleur, c'était justement à cause de cette institution.

ses déboursés pour le fisc ; les arbres, les haies qui se trouvent dans le vignoble appartiennent au propriétaire, et dans certains baux nous trouvons au lieu de clauses spéciales, une convention unique par laquelle les parties s'entendent pour que tout soit réglementé, comme en Loire-Inférieure (1).

Nous admettrons donc que dans ce département le bail à complant n'est pas translatif de propriété.

Restent donc les pays soumis aux anciennes coutumes de La Rochelle, et de Saint-Jean-d'Angély, ce qui forme maintenant le département de la Charente-Inférieure. Dans ces contrées on admet que le bail à complant est translatif de propriété, et on se base surtout, sur la coutume de La Rochelle, où le bailleur ne pouvait pour manque de façon s'emparer de la vigne que pour la faire cultiver et la faire vendanger et seulement une année ; s'il voulait s'en emparer plus longtemps ou la réunir à son domaine, il devait faire assigner le colon par devant le juge de fief afin de se faire adjuger la vigne ; c'était comme dans le bail à rente dont nous avons parlé à l'instant, et ce bail nous le savons transférait la propriété.

Nous conclurons donc que le bail à complant n'est pas translatif de propriété dans les départements de la Loire-Inférieure, Vendée et Maine-et-Loire ; dans le département de la Charente-Inférieure au contraire, ce bail qui est du reste peu usité est translatif de propriété.

(1) Bencher. *Bail à complant en Maine-et-Loire.*

A ce propos nous ne pouvons faire autrement que de relater un usage du Berry peu suivi du reste, qui se rapproche un peu de notre bail à complant de l'ouest de la France ; et qui est semblable aux complants tunisiens, voici du reste un extrait du bail que nous avons sous les yeux.

TRAITÉ DE PLANTATION DE VIGNE

Par devant M^e X, etc,

Ont comparu

1° M..., propriétaire ;

2° M..., journalier.

Lesquels ont dit et fait ce qui suit :

M..., est propriétaire d'une parcelle de bois taillis situé.....

Cette parcelle de terre appartient à M.....

M..., journalier (le colon), s'oblige dans le plus bref délai possible, à arracher le taillis qui se trouve actuellement dans la parcelle de terre en question, et ensuite à planter en vigne la dite parcelle de terre aux conditions suivantes.

Art. 1

M..., journalier, devra planter la vigne en question par tiers pendant les années 1897-98-99 et dans le cours du mois de novembre de chacune des dites années.

Art. II

Tous les frais de plantation de cette vigne et ceux des façons annuelles qui y seront nécessaires jusqu'à la récolte de 1901 seront à la charge exclusive de M.... journalier. Ce dernier devra en outre fournir à ses frais tous les échalas qui pourront être nécessaires à la vigne en question jusqu'à la même époque.

Art. III

M..., journalier, aura seul droit aux récoltes en vin ou autres

qui seront faites dans la pièce de terre dont il s'agit à partir de
ce jour, jusqu'à l'année 1901 y comprises celles faites pendant
la dite année ; en conséquence il aura seul, jusqu'à cette époque,
la jouissance de cette pièce de terre.

Art. V

M. ., journalier, devra donner à la vigne tous les soins d'un
bon père de famille, sans y commettre ni souffrir qu'il y soit
commis aucune dégradation ni détérioration et il devra l'entretenir en bon état jusqu'au jour de l'enlèvement de la récolte qui
sera faite en 1901.

Art. VI

A partir de cette époque la parcelle de terre ainsi plantée
en vigne appartiendra savoir pour moitié à M..., propriétaire,
et pour l'autre moitié à M..., journalier, etc...

Il est certain que nous ne sommes pas là en présence
d'un bail à complant tel que ceux que nous venons d'étudier, mais ce qui nous frappe, c'est qu'au début de cette
étude, en faisant l'histoire de ces sortes de baux, nous
avons parlé d'une forme très ancienne de ces contrats,
appelée autrefois *medium plantum*. Dans un contrat de
ce genre le propriétaire d'un terrain le concédait à charge
de le planter en vignes et l'opération une fois achevée, il y
avait partage du terrain par moitié entre les deux parties ;
du reste l'exemple le plus ancien de bail à complant connu
est fait de cette façon (1). Or dans le bail que nous venons
de citer, nous sommes en présence d'un bail de cette

(1) *Cartulaire de Saint-Victor de Marseille.* Guérard, n° 163,
t. I, p. 190.

nature, le terrain concédé est cultivé pendant quatre ans
par un colon, et après ce laps de temps la vigne qui est
alors constituée est partagée par moitié. Il est donc assez
curieux de voir dans un pays où la culture de la vigne
n'est pas très étendue, deux personnes avoir recours de
nos jours à un mode de contrat, qui selon toute vraisem-
blance a donné naissance aux baux à complant tels que
nous les connaissons dans l'ouest de la France.

SECTION IV

NATURE JURIDIQUE DU DROIT DU BAILLEUR ET DU PRENEUR

Maintenant que nous avons tranché la question du
transfert de la propriété dans le bail à complant, il nous
faut maintenant parler des droits des deux parties et dans
les baux translatifs et dans ceux qui ne le sont pas.

Baux translatifs.

*1° Nature juridique du droit du bailleur dans les baux
translatifs de propriété.*

Autrefois le droit du bailleur était immobilier; il était
en effet débiteur d'une redevance, tout comme le bailleur
à rente, et l'on sait qu'avant la Révolution, la rente était
une pure charge réelle de l'héritage, c'était le fonds qui

était débiteur ; à l'époque intermédiaire, on commença par les déclarer rachetables (Déc. du 4 août 1798. Lois 18-19, D. 1790) mais leur caractère immobilier leur resta ; ce n'est que la loi du 11 brumaire, an VII, qui interdit l'hypothèque des rentes constituées, des rentes foncières ou *autres prestations que la loi a déclarées rachetables*; de là on a conclu malgré quelques divergences que les rentes avaient perdu leur caractère immobilier. Du reste l'article 529 est venu enlever tout doute à cet égard, en rangeant dans la catégorie des meubles toute rente établie à perpétuité, etc. On a dit alors, que cet article ne s'appliquait pas à notre bail à complant, et qu'on ne pouvait refuser au droit du bailleur le caractère immobilier. Comme il est évident que cet article a été rendu pour trancher les divergences d'opinions, nées à propos de la loi du 11 brumaire an VII, et que l'article 530 qui est venu le compléter s'applique aux prestations que cette loi a déclarées rachetables — car il s'exprime en termes très généraux — et dans lesquelles nous faisons rentrer la redevance du complant (1), nous en conclurons que depuis le code, le droit du bailleur dans un complant translatif est mobilier.

Quelles sont les conséquences que l'on peut tirer de la situation du bailleur dans un complant translatif de propriété.

Puisque le contrat a transféré la propriété au preneur, à

____

(1) Cet article 630 a été rendu à la fin du Code, sous forme de décret, le 21 mars 1804 et promulgué le 31.

charge pour ce dernier de lui fournir annuellement une certaine prestation en nature ; nous pouvons dire qu'il y a vente, dont le prix est une prestation en nature, c'est une vente à rente ; donc il nous semble que l'on ne peut refuser au bailleur le privilège du vendeur, espèce d'hypothèque légale qui garantit le payement du prix et par conséquent le service de la prestation, et comme le dit M. Planiol « ce privilège produit encore quelques-unes des conséquences qui se réalisaient jadis au temps où le caractère réel et un mobilier de la rente était reconnu. Le bailleur a comme autrefois un droit réel immobilier dans l'immeuble aliéné ; ce n'est plus la rente elle-même, c'est une hypothèque qui en est l'accessoire (1).

Peut-on dans ce cas accorder au bailleur l'action en rescision pour cause de lésion ? Du moment que nous avons admis, que le bail à complant translatif de propriété était une vente dont le prix consistait en une prestation en nature (2), le bailleur croyons-nous pourra intenter cette action quand il se trouvera dans les conditions requises par le code pour l'exercer, il faudra donc qu'il soit lésé de plus des sept-douzièmes comme le prescrit l'article 1674 Code civil. Il est évident que dans la pratique on ne rencontrera pas bien souvent des cas de cette nature, mais comme rien ne fixe légalement la quotité de la redevance,

______

(1) Planiol. *Droit civil*, t. I, p. 655, n° 2009.

(2) Boulay-Paty, dans son rapport, est de cet avis pour un complant translatif de propriété.

il se peut qu'elle soit tellement faible qu'il en résulte une lésion pour le bailleur; ce sera alors au bailleur demandeur d'articuler des faits « assez vraisemblables et assez graves pour faire présumer la lésion « (art. 1677 C. c.) Une telle présomption résulterait par exemple de la quotité de la redevance dans des baux à complant antérieurement passés et de l'importance des revenus moyens des vignes dans la contrée; ce qui serait facile à établir, puisque nous avons vu que dans la plupart des baux, la redevance était au moins du tiers de la récolte. Cette preuve une fois admise à être faite ne pourra résulter que du rapport de trois experts (art. 1678 C. c.). Enfin le preneur comme l'acheteur en pareil cas pourra conserver l'immeuble en donnant un supplément de prix (art. 1681, C. c.).

2° *Nature juridique du droit du preneur dans un bail à complant translatif de la propriété.*

La nature juridique du droit du preneur dans un bail de cette nature, ne souffre aucune difficulté à établir. Il a le droit de propriété, il est propriétaire de la vigne, peut la vendre, l'hypothéquer, faire en un mot tout ce qu'un propriétaire peut faire sur son terrain; il n'a qu'une obligation à remplir, entretenir la vigne en bon état comme il lui est prescrit par le contrat.

Il pourra aussi se voir demander par le bailleur en vertu de l'article 2263 du Code civil, un titre nouvel par lequel il sera prouvé que ce dernier a régulièrement perçu la redevance qui lui était due. Le but de cet acte récognitif est d'empêcher la prescription de courir contre le bailleur.

Remarquons que cette redevance comme nous l'avons dit plus haut est essentiellement rachetable, et qu'elle tombe sous le coup de l'article 530 du Code civil. « Toute rente établie à perpétuité pour le prix de la vente d'un immeuble, ou comme condition de la cession à titre onéreux ou gratuit d'un fonds immobilier est essentiellement rachetable ». Il est néanmoins permis au créancier de régler les clauses et conditions de rachat. Il lui est aussi permis de stipuler que la rente ne pourra lui être remboursée qu'après un certain termps, lequel ne peut jamais excéder trente ans : toute stipulation contraire est nulle.

Baux à complants non translatifs de propriété.

1° *Nature juridique du droit du bailleur*

Du moment que la propriété est restée aux mains du bailleur, nous nous trouvons en face d'un bail ordinaire, sauf quelques particularités que nous étudierons plus tard ; il n'y a donc aucun doute dans ce cas, le droit du bailleur est immobilier puisqu'il est propriétaire. Nous voyons alors ce bailleur jouir de toutes les prérogatives que lui confère le titre. C'est lui qui a le droit de chasse, c'est lui qui paye les contributions, qui entretient les chemins d'exploitation, c'est lui qui a la propriété des arbres, des haies ; c'est à lui que les tiers s'adresseront en cas de contestation, car c'est lui qui possède et non le preneur, qui détient à titre précaire, nous reviendrons du reste sur ce point à propos de l'action possessoire. Nous avons vu aussi que c'était lui qui fixait le jour de la vendange, et que le colon ne pouvait la commencer sans son consentement.

2° *Nature juridique du droit du preneur.*

Plus délicate est cette question, et pour apporter un peu plus de méthode dans la discussion, nous allons nous demander d'abord, si ce droit est immobilier, ensuite nous poserons les questions suivantes : Peut-on admettre, que le bail à complant soit considéré par rapport au colon comme un service foncier? comme un droit de jouissance lui conférant comme l'usufruit un droit réel ? comme un droit réel d'emphytéose? comme un droit de superficie?

1° Le droit du preneur est-il réel immobilier?

Le tribunal de La Roche-sur-Yon se basant sur l'ancienne coutume du Poitou qui décidait que le colon à complant pouvait hypothéquer son droit bien que non propriétaire, s'exprime ainsi : « on a constaté, qu'à l'inverse du bail à ferme, le bail à complant est d'une durée illimitée, qu'il peut être cédé au gré du complanteur soit à titre onéreux,

soit à titre gratuit à l'insu du bailleur ou malgré lui; que
le complanteur n'est pas tenu en vertu d'une action personnelle, mais seulement en tant que détenteur, peut délaisser
l'immeuble comme il lui plaît; que sans rechercher si ce
contrat va jusqu'à être translatif de propriété et s'il
établit une sorte de copropriété, il faut bien reconnaître
qu'il ne ressemble à aucun autre; qu'il est *sui generis* et
offre au profit du complanteur tous les caractères d'un
droit réel reposant sur un immeuble (1) ». Par ce jugement nous voyons donc que de nos jours encore on
reconnaît au preneur à complant un droit réel im-
mobiiier, et pour le prouver on argumente de la durée
illimitée d'un bail à complant, de la faculté qu'a le preneur de céder son droit, et de déguerpir, de la copropriété
qui existe entre lui et le bailleur.

Nous avons vu que la durée illimitée du contrat, qui,
par les usages en pratique pour la vigne peut devenir perpétuel, n'est pas inconciliable avec un droit personnel. Il
se peut qu'autrefois, les preneurs à complant aient pu
hypothéquer leur droit, nous savons même que Boucheul
reconnaît ces hypothèques comme valables, mais de nos
jours que doit-il se passer ? Notre législation n'admet plus
le louage perpétuel, ni même le louage illimité; l'article 1709 du Code civil ne veut pas que le contrat soit
fait autrement qu'à temps, et comme le Code ne donne aucun chiffre, on se réfère pour la durée, à la loi des 18-29 dé-

______

(1) Sirey, 94. 2. 201. Sous-arrêt de la cour de Poitiers.

cembre 1790 qui interdit les locations perpétuelles et assigne pour limite extrême 99 ans pour les baux ordinaires, et trois générations pour les baux à vie. Donc sans entrer dans les détails de cette discussion, pour savoir si l'article 1709 est applicable aux baux à complant, — et plus tard nous verrons que l'on ne peut faire autrement que d'admettre cette application, — on peut dire que sous l'empire du Code civil on ne peut argumenter de la durée illimitée ou perpétuelle des baux à complant, pour dire si oui ou non le droit du preneur est réel immobilier.

Quant à la faculté qu'a le preneur de céder son droit, est-ce un argument bien probant en faveur du caractère réel du droit du preneur? Cette cession n'est nullement incompatible avec un droit personnel, le code lui-même l'admet, puisque nous lisons dans l'article 1717 : « Le preneur à le droit de sous-louer et même de céder son bail à un autre si cette faculté ne lui a pas été interdite », et nous verrons que dans le bail à complant non translatif, tel qu'il est usité en Loire-Inférieure, M. Neveu-Derotrie s'appuyant sur un jugement du tribunal de Nantes de 1841, reconnaît ce droit au preneur en l'absence de toute convention prohibitive. Cette faculté de céder de la part du colon, ne démontre donc pas qu'il possède un droit réel.

Plus embarrassante est l'objection tirée de la faculté accordée au colon de déguerpir. Il semble en effet que du moment que l'on accorde le droit de déguerpissement, c'est qu'il est tenu *propter rem*, et qu'il se libère en abandonnant son droit, qui dans l'occurrence ne peut être que

réel. Nous verrons avec détail la question du déguerpissement ou exponce, quand nous étudierons l'extinction du
bail à complant; pour le moment disons seulement avec
M. Boulay-Paty, que le déguerpissement dans le bail à
complant n'était plus le même que dans le bail à rente ;
la preuve c'est que dans ce dernier cas, la loi du 11 brumaire an VII l'a aboli, tandis qu'il est resté intact pour le
bail à complant, comme pour le bail à domaine congéable ;
la raison en est peut-être que du moment que le bailleur peut
expulser son colon par suite de mauvais entretien de la
vigne, on permet aussi à ce dernier d'abandonner la culture de la vigne, dans le cas où cette vigne ne rapporte
plus assez, pour l'indemniser de ses peines et de ses travaux. Dans ce dernier cas alors, le déguerpissement peut
facilement se comprendre même avec un droit personnel
et ce n'est plus ni l'ancien déguerpissement de notre droit
coutumier, ni le délaissement actuel accordé à ceux qui
sont tenus *propter rem*.

On ne peut donc admettre que le preneur à complant
possède dans ce contrat un droit réel immobilier sans se
trouver en contradiction avec nos lois en vigueur.

Or, ne pouvant admettre que le colon possède un droit de
propriété sur l'immeuble, puisque nous sommes dans un
cas où la propriété est restée au bailleur, le tribunal de la
Roche-sur-Yon a parlé d'une copropriété, qui, existait entre
les deux parties ; c'est du reste la thèse que soutinrent les
colons de la Loire-Inférieure dans la pétition qu'ils adressèrent à la Chambre, en vue de faire voter la loi qui met-

trait fin à leurs démêlés avec les propriétaires. Cette thèse est insoutenable ; la copropriété ne se comprend qu'autant que les personnes entre lesquelles elle existe ont les mêmes droits, il y a alors indivision ; la chose qui est indivise entre ces personnes comprend des molécules sur lesquelles chaque copropriétaire a un droit semblable ; et cette indivision ne prend fin que par le partage ; ce qui n'est pas le cas du bail à complant. Il est vrai que l'on trouve une copropriété sans indivision, mais on retombe dans le cas du droit de superficie, et nous verrons plus loin, si l'on peut ranger dans cette catégorie le droit du preneur à complant.

2° Le droit du preneur est-il un service foncier ?

Un service foncier, ou une servitude c'est une charge imposée sur un héritage pour l'usage et l'utilité d'un autre héritage appartenant à un autre propriétaire ; tels sont les termes mêmes de l'article 637. Comme il est impossible de faire un rapprochement entre cette définition et le droit du preneur, nous considérerons donc que le preneur ne peut invoquer ce droit.

3° Le droit du preneur est-il un droit réel de jouissance ?

Poser cette question c'est se demander si l'on peut considérer le bail à complant, soit comme un droit d'usufruit, soit comme un droit d'usage. Nous ne pouvons entrer dans toute l'analyse de l'usufruit, pour comparer ce droit avec notre complant, mais il semble bien difficile d'essayer même de les assimiler ; ces deux institutions en effet n'ont pas la même durée, le droit d'usufruit ne dure que pendant la vie de l'usufruitier, le droit du colon à complant au contraire se transmet à ses héritiers ; tous les deux peuvent faire l'objet d'une cession, mais dans l'usufruit on fixe toujours la fin du droit à la mort de l'usufruitier cèdant : dans le complant au contraire, la mort du colon cèdant n'a aucune influence sur la durée du contrat. Puis entre usufruitier et propriétaire point d'obligations réciproques pendant la durée de l'usufruit ; le propriétaire s'engage à ne pas troubler l'usufruitier, et ce dernier à rendre la chose soumise à l'usufruit, à la fin de son droit ; dans le complant au contraire, le preneur s'engage à payer tous les ans une certaine redevance, et à entretenir la vigne en bon état, le propriétaire à faire jouir ce dernier. Ils doivent jouir (le colon et l'usufruitier) nous dira-t-on en bons pères de famille dans l'une et l'autre de ces institutions ; mais s'ils doivent l'un et l'autre remplir cette obligation, le but que l'on se propose d'atteindre est complètement différent ; dans l'usufruit c'est pour assurer le retour du fonds en bon état au nu-propriétaire, dans le bail à complant, c'est pour que le colon fasse tous les travaux qui sont nécessaires à la culture et au bon entretien de la vigne. Enfin si l'usufruitier a comme le colon à complant droit aux fruits de l'immeuble, ce droit ne vient pas de la même source juridique. Dans l'usufruit, nous avons deux droits distincts, celui du nu propriétaire, et celui de l'usufruitier, le nu propriétaire exerce son droit sur le fonds lui-même, l'usufruitier sur les fruits produits par le fonds et en vertu d'une charge réelle qui pèse sur le nu propriétaire. Dans le bail à complant non translatif au contraire, nous voyons bien aussi, deux personnes, le bailleur qui détient le fonds, et le colon qui jouit des fruits, mais si ce dernier a droit à la production périodique du vignoble, c'est pour se désintéresser des travaux qu'il fait justement en vue de cette production, dont il abandonne une partie au propriétaire. Nous tiendrons le même raisonnement pour le droit d'usage, avec cette autre différence encore, c'est que l'usager, n'a droit aux fruits que pour sa consommation, ce qui n'est pas dans le bail à complant.

Donc, puisque notre bail à complant, n'est ni un droit absolu de propriété, ou de copropriété, s'il ne peut être rangé parmi les services fonciers, ni parmi les droits réels de jouissance, il nous semble bien difficile d'en faire un droit réel immobilier; car alors il serait permis de créer d'autres droits réels, et ceux-là seuls nous sont donnés par le code; sur ce point, du reste, nous empruntons la réponse à Demolombe, qui s'exprime ainsi : « Les droits que les particuliers peuvent établir sur les biens, doivent nécessairement être ramenés à l'une de ces trois clauses : soit à un droit de propriété, soit à un droit de jouissance, c'est-à-dire d'usufruit, d'usage et d'habitation; soit enfin à des services fonciers. C'est dans ce cercle, que la liberté des conventions et des dispositions doit se mouvoir; au delà il n'y a plus que les droits personnels comme par exemple le droit résultant du bail » (1). D'où nous con-

(1) Demolombe, t. IX, l. II, tit. I, ch. II, nᵉ 549, en ce sens, Planiol, *Droit civil*, t. I, p. 651, nᵉ 1991.

clurons que le droit du preneur est mobilier, car nous admettrons avec tous les auteurs que ce droit dans les baux ordinaires, est personnel et par suite mobilier (art. 1743 C. c.). Du reste, le preneur payant sa redevance au propriétaire pour l'indemniser de la concession qui lui a été faite, à charge de cultiver, répond bien au caractère du louage, et c'est cette idée qui faisait dire que la comparaison avec l'usufruit ne pouvait se soutenir. Quelle différence y a-t-il avec le preneur à complant et un fermier ordinaire ; tous les deux payent au propriétaire pour prix de leur jouissance une certaine quotité ; dans le bail à ferme c'est de l'argent, dans le bail à complant ce sont des fruits ; mais dans les deux cas, le propriétaire a droit à une redevance qui représente pour lui le revenu du terrain qu'il a abandonné pour que le cultive, soit le preneur à ferme ordinaire, soit le preneur à complant. C'est l'idée de M. Boulay-Paty, quand il disait que les colons de la Loire-Inférieure ne possédaient qu'au même titre et de la même manière que les fermiers ordinaires, sauf la durée.

4° Le droit du preneur à complant peut-il être confondu avec le droit de l'emphytéote et être par là même immobilier.

Remarquons d'abord que rien dans la doctrine ne prouve que l'emphytéose puisse être un droit immobilier, puisque comme nous l'avons dit pour le bail à complant, les particuliers ne peuvent créer d'autres droits réels autres que ceux indiqués par nos lois ; mais la jurisprudence s'est depuis longtemps formée une opinion sur ce sujet et considère ce droit avec sa nature ancienne, et le définit un droit réel de jouissance sur la chose d'autrui.

Toutefois, malgré cette réserve, peut-on comparer le bail emphytéotique avec le bail à complant et trouver dans ces deux institutions des rapprochements tels qu'on pourrait les assimiler.

Dans ces deux baux, nous trouvons deux personnes à qui l'on concède un terrain à charge de le cultiver; le point de départ est donc le même; mais si dans l'emphytéose, cette obligation consiste en plantation comme dans le bail à complant, on peut l'étendre à des améliorations, voire même à des constructions; dans notre contrat, au contraire, l'obligation est unique, elle consiste à planter en vignes ou à continuer cette culture, si la vigne est déjà plantée.

Dans l'emphytéose, la redevance annuelle est modique et fixe; puisqu'on impose au preneur emphytéotique, des charges fort lourdes; ce serait là un caractère essentiel de ce contrat (1). Dans le bail à complant, au contraire, la redevance consiste en une part de fruits, qui dans certains pays peut atteindre la moitié de la récolte; la modicité de la redevance n'est donc pas un caractère essentiel de ce contrat.

L'emphytéote enfin a la libre disposition du terrain (2); il peut le céder librement et même l'hypothéquer. Cette

(1) Cass., 24 août 1857. D. 57. I. 326.
(2) Cass. 6 mars 1861. D. 61. I. 418.

libre disposition forme dans la plupart des arrêts, le caractère essentiel de ce contrat ; nous verrons au contraire
que dans le bail à complant, cette libre disposition n'est
pas permise au preneur par suite des clauses prohibitives
que l'on rencontre dans la plupart des titres.

Puisque nous ne trouvons dans le bail à complant aucun
des caractères essentiels du bail emphytéotique, nous ne
pouvons donc faire autrement que de le considérer comme
un bail ordinaire et non comme un bail de cette catégorie.

5° Le droit du preneur à complant non translatif de
propriété, peut-il être considéré comme un droit de superficie.

En parlant de la copropriété qui pouvait exister entre
les deux parties contractantes dans un bail à complant,
nous avons vu que dans ces baux, les colons ne pouvaient
pas se prétendre être dans l'indivision avec les propriétaires ; mais comme il y a un autre genre de copropriété,
et celle-là sans indivision, voyons si les colons peuvent s'en
prévaloir ?

Cette copropriété sans indivision est ce que l'on appelle
la superficie. La superficie est un droit qui consiste à être
propriétaire d'édifices ou de plantations reposant sur un
terrain appartenant à autrui ; c'est une dérogation aux
principes de l'accession par lesquels tout ce qui se trouve
sur le sol appartient au propriétaire de ce sol ; elle forme
comme le fonds lui-même une propriété immobilière et
par suite susceptible d'hypothèque. Il est certain que si
l'on considère le preneur à complant comme propriétaire

du plant de vigne, il faudrait voir là un véritable droit de superficie, insuffisant toutefois à expliquer les obligations de ce preneur, car le superficiaire n'est pas tenu à un partage de fruits à titre de redevance, mais lui conférant malgré tout un droit réel immobilier. Or, nous avons vu, que le preneur à complant pouvait être propriétaire du plant de vigne, et il faudrait alors concilier ce droit avec celui d'un preneur à ferme que nous assignons à notre preneur à complant, et ce qui nous embarrasse surtout, c'est que l'avis du Conseil d'État rangeait les baux à complant dans la catégorie des baux à domaine congéable, et dans cette tenure nous savons que le domanier est propriétaire superficiaire ; nous savons cependant que quand un fermier ordinaire a élevé des constructions sur le terrain de son bailleur, en vertu des clauses du bail, il possède sur ces constructions un droit réel immobilier de superficie, lorsqu'il résulte des conventions antérieures entre lui et le bailleur, que ce dernier renonce au bénéfice de l'accession (1), peut-on dire qu'il en est de même dans le cas où le preneur à complant est propriétaire des plants de vignes ; la question est très difficile à résoudre, mais ceci nous montre tout au moins que le droit de superficie n'est pas incompatible avec le contrat de louage, et que, si dans certains baux à complant, nous trouvons des cas où le colon n'est pas propriétaire des plants de vignes, cette particularité ne nous empêchera pas de considérer

(1) Aubry et Rau. D. C. T. II. p. 440.

le bail à complant comme un louage ; du reste cette particularité n'existera que quand nous serons en présence d'un complant où le colon plante un terrain en vignes, et à ses frais, quand au contraire, le bail sera consenti sur un terrain déjà planté, la difficulté disparaît et nous sommes en face cette fois d'un véritable louage à partage de fruits et sans particularité.

De tout ceci, il résulte donc que le droit du preneur est personnel et mobilier (sauf le cas où il a un droit de propriété sur le plant), quand nous nous trouvons en face d'un bail à complant non translatif de propriété.

Quelles sont alors les conséquences que nous pouvons tirer de ce droit personnel mobilier reconnu au colon à complant (1).

Nous allons les étudier à deux points de vue différents : 1° Comme bail ; 2° Comme valeur mobilière.

1° Comme bail :

Le colon ne jouit pas à titre de maître ; il est comme un fermier ordinaire-détenteur précaire du fonds qui lui a été concédé ; il ne pourra donc prescrire, ni lui ni ses descendants, en vertu des art. 2236-2237 du Code civil, à moins que le titre de leur possession se trouve interverti art. 2238 du Code civil.

Il ne pourra non plus agir par voie de complainte dans le cas où il serait troublé dans sa jouissance par le fait

(1) En ce sens, jugement du T. civil de Nantes du 7 mars 1837.

des tiers. Nous reviendrons sur cette question en étudiant les actions possessoires dans le bail à complant.

Enfin le bailleur aura droit au privilège de l'art. 2102-1° du Code civil. Nous verrons en effet que notre bail à complant se rapproche sensiblement du métayage. Or, l'art. 10 de la loi de 1889 sur ce genre de tenure, reconnaît expressément au propriétaire le privilège du bailleur (art. 2102-1°) nous le donnerons donc également au bailleur dans notre bail à complant.

2° Comme valeur mobilière :

1° Le droit de complant reconnu au colon étant mobilier tombe dans la communauté entre époux, puisque en vertu de l'art. 1401 du Code civil cette communauté se compose activement « de tout le mobilier que les époux possédaient au jour de la célébration du mariage et de tout le mobilier qui leur échoit pendant le mariage à titre de succession ou même de donation si le donateur n'a exprimé le contraire ». Dans le cas où ce droit de complant appartient à la femme soit qu'elle en était propriétaire, soit qu'elle l'ait acquis par succession ou donation, c'est le mari, vu l'art. 1421, qui administrera ce droit de complant avec tous les autres biens de la communauté. Il pourra donc le vendre dans les cas où la cession lui sera permise par le contrat, sans le concours de la femme ;

2° Il figure dans les valeurs mobilières d'une succession ; puisque ce droit ne s'éteint pas à la mort du colon, il peut donc être transmis aux héritiers de ce dernier, et dans cette transmission il sera considéré comme valeur mobilière. Ce droit fera également l'objet d'un partage en nature, et on n'aura pas besoin d'avoir recours à une vente pour y arriver, comme on procède généralement pour le partage des immeubles dans le cas où le partage en nature offrirait des difficultés.

3° Dans le cas de cession du droit de complant, le colon acquéreur n'aura pas besoin de faire transcrire son titre de vente pour l'opposer aux tiers, puisque cette transcription n'est acquise que pour la vente des immeubles. Toutefois il est bon de remarquer d'ores et déjà, que le plus souvent le titre sera transcrit, car le bail à complant, sans pouvoir être maintenant perpétuel, sera presque toujours consenti pour plus de dix-huit ans, et l'on sait que la loi de 1855, demande que ces sortes de baux soient soumis à la transcription.

4° Ce droit fera l'objet de la saisie-exécution, il rentre dans le patrimoine du colon, or, ce patrimoine est le gage commun des créanciers, qui ont plusieurs façons de réaliser les biens de leur débiteur dans le cas de non payement des dettes ; pour les immeubles ils ont la saisie immobilière, dont la procédure est longue et coûteuse ; pour les meubles et valeurs mobilières, la saisie-exécution ; le droit de complant d'un colon débiteur fera l'objet de cette saisie, puisque ce droit est considéré comme valeur mobilière.

Nous pourrions ainsi citer tous les cas où, considérant notre bail à complant comme une valeur mobilière, quant au droit du colon, l'on appliquera les articles du Code et des lois postérieures, se rapportant aux meubles. Nous en avons mentionné quelques-uns, à propos desquels nous avons trouvé quelques jugements (1), et nous allons passer à notre chapitre V dans lequel vont être traitées quelques questions particulières, qui se comprendront mieux maintenant que nous connaissons les obligations et du bailleur et du colon, et que nous avons défini les droits de chacun et leur nature juridique.

(1) J. du T. C. de Nantes, 25 mai 1834. — *Ibid.*, 3 avril 1845, *ibid.*, 1er août 1826. — Sibille. *Usages et coutumes de la Loire-Inf.*

CHAPITRE V

DE QUELQUES QUESTIONS A PROPOS DU BAIL A COMPLANT

Section I. — De la capacité des parties contractantes dans le bail à complant.
Section II. — Preuve du bail à complant.
Section III. — Durée du bail à complant.
Section IV. — De la transcription et de l'enregistrement dans le bail à complant.
Section V. — De la disposition de la vigne par le preneur.
Section VI. — Des actions possessoires dans le bail à complant. — De la compétence.
Section VII. — De l'extinction du bail à complant.
Section VIII. — Du bail à complant et du métayage.

Nous diviserons ce chapitre en huit sections ou paragraphes, ayant trait à la capacité des parties, à la preuve du bail à complant, à sa durée, à son extinction, et à la façon dont le colon peut en disposer, nous parlerons aussi de la transcription et de l'enregistrement dans le bail à complant, de la compétence et du rôle des actions possessives dans ce contrat. Enfin nous établirons un parallèle entre le métayage et notre bail, et nous essayerons de démontrer qu'il y a entre ces deux institutions, sinon une analogie parfaite, du moins de grandes ressemblances.

SECTION I

DE LA CAPACITÉ DES PARTIES CONTRACTANTES DANS LE BAIL A COMPLANT

Remarquons d'abord que notre bail à complant est un contrat, et que nous devons lui appliquer tous les articles du Code relatifs à la validité des conventions en général, soit ceux qui se rapportent au consentement des parties, à la cause et à l'objet de la convention, soit ceux qui ont trait à la capacité. Nous nous arrêterons seulement à la capacité, car étant donné que l'on peut être en face de deux baux à complant, les règles changeront suivant que ce sera un bail translatif ou non translatif de propriété.

Est-ce un bail translatif, nous appliquerons l'article 1594 du Code civil ; car nous avons le droit, en ce cas, de considérer notre contrat comme une vente, dont le prix consiste en une redevance en nature, et tous ceux auxquels la loi n'interdit ni de vendre, ni d'acheter, pourront être parties dans notre bail à complant.

Le tuteur d'un mineur non émancipé, ne pourra donc pas donner à bail à complant translatif de propriété, un vignoble quelconque sans délibération du Conseil de famille homologué par le tribunal, articles 457 et 458, Code civil. Ces articles, en effet, interdisent à ce tuteur de vendre un immeuble de son pupille sans se conformer à cette règle.

Si c'est au contraire le mineur non émancipé qui prend à bail à complant un vignoble, d'après notre théorie, il sera considéré comme un acheteur, or, l'article 455 complété par la loi du 27 février 1880, ordonne au tuteur de placer les capitaux de son pupille. Dans ce cas, les formalités à remplir par le tuteur ne sont pas les mêmes suivant qu'il s'agit de capitaux prélevés sur les économies des revenus du pupille, ou de capitaux proprement dits ; dans ce dernier cas, il faut l'autorisation du conseil de famille homologuée par le tribunal, dans l'autre le tuteur a la libre disposition des sommes à employer, bien qu'il ait pour le placement un délai de six mois, passé lequel, il sera responsable de l'intérêt ; or, peut-on appliquer ces cas à notre bail à complant ? Il nous semble que oui. Dans le bail à complant en effet, il n'y aura pas comme dans une vente ordinaire échange de deniers contre une chose quelconque, mais nous savons que le colon, a la charge de la culture, qu'il doit pour arriver à retirer un produit de la vigne, faire des déboursés quelquefois assez considérables, surtout maintenant avec toutes les maladies qui absorbent une grande partie des bénéfices des viticulteurs ; il y aura donc là un véritable placement, masqué par notre contrat, mais qui n'en nécessitera pas moins, croyons-nous, soit l'avis du Conseil de famille homologué par le tribunal, soit la présence du tuteur seul suivant les cas.

Pour le mineur émancipé, nous aurons les mêmes résultats ; quand ce dernier, en effet, veut donner un vignoble à bail à complant translatif de propriété, il fait acte de vente, or, l'article 484 Code civil, nous dit qu'il ne pourra non plus vendre ni aliéner ses immeubles, sans observer les formes prescrites pour le mineur non émancipé, il lui faudra donc, à lui aussi, l'avis du Conseil de famille et l'homologation du tribunal. Si, au contraire, ce mineur émancipé prend un vignoble à bail à complant, il y a là, comme pour le cas du mineur non émancipé que nous venons d'étudier, un placement de capitaux ; si la somme à employer représente un excédent de revenu économisé, il y aura simplement acte d'administration (1) et le mineur émancipé peut faire seul ces sortes d'actes, si la somme représente au contraire un capital proprement dit nous croyons qu'il lui faudra l'assistance de son curateur.

Quant à la femme mariée, soit qu'elle veuille prendre à complant un vignoble, soit qu'elle veuille passer avec un colon un bail de cette nature où elle serait considérée comme bailleur, il lui faudra l'autorisation maritale, dans un cas elle achète, dans l'autre elle vend, or, elle ne peut, — et encore que dans certains régimes, comme celui de la séparation de biens, et le régime dotal pour les biens paraphernaux, — qu'administrer ses biens sans

(1) Sirey. 82. 2. 284. C. 1. Note de M. Labbey. La jurisprudence est en sens contraire ; elle permet au mineur d'acheter les immeubles seul et sans assistance sous prétexte que l'art. 484 déclare réductibles les obligations qu'il contient par son rachat. (Cass, 29 juin 1857. D. 58. I. 33. S. 57. I. 729.) — V. Planiol, Tome I. *Droit civil*, p. 889, nos 2807-2829.

cette autorisation; une vente et un achat ne peuvent être considérés que comme des actes de disposition pour lesquels il lui faut l'autorisation de son mari, à moins de considérer comme pour le mineur émancipé, le placement de l'excédent de revenu comme un acte d'administration, dans ce cas particulier alors, elle n'aurait pas besoin de l'autorisation maritale.

L'interdit dans notre bail à complant, sera traité comme le mineur non émancipé; nous appliquerons en cela l'article 509, qui renvoie pour la gestion des biens de cet incapable, aux articles cités pour le mineur.

Restent les personnes munies d'un conseil judiciaire. Les articles 499, 513 du Code civil leur interdisent les ventes, ils ne pourront donc pas donner, à complant translatif de propriété un vignoble quelconque; qu'avec l'assistance du conseil. Pourront-ils au contraire en prendre un à bail; il nous semble que là aussi, il faut faire la distinction entre les actes d'administration et de disposition; si l'achat ne dépasse pas les limites des actes d'administration, la personne n'aura pas besoin pour faire cet acte de l'assistance du conseil, dans le cas contraire, cette assistance sera nécessaire.

Que va-t-il se passer maintenant pour les baux à complants non translatifs de propriété?

Nous ne passerons pas en revue les différentes personnes que nous venons de rencontrer; un bail soit qu'on le considère du côté du bailleur, soit qu'on le considère du côté du preneur, est envisagé comme un acte

d'administration, dans le cas où il n'excède pas neuf ans.
Pour ces baux donc, les personnes qui ont une demi-
capacité, comme les mineurs émancipés, les prodigues,
et les femmes séparées de biens, ou vivant sous le régime
dotal (pour leurs biens paraphernaux dans le cas où elle
les donne à bail), peuvent les passer sans excéder les
limites de leur capacité ; et les administrateurs de biens
d'autrui, comme les maris dans les régimes matrimoniaux
autres que ceux que nous venons de mentionner ont également qualité pour les consentir ; quand au contraire la
durée du bail excède neuf ans, ce qui sera presque toujours le cas pour notre bail à complant, c'est plus qu'un
acte d'administration, et il est impossible pour les personnes qui ont une demi-capacité, et pour les administrateurs de les consentir. Il n'y aurait donc que le
prodigue, qui aurait le droit de passer des baux de cette
nature, car les articles 499 et 513 du Code civil qui
limitent sa capacité, ne parlent pas des baux excédant
neuf ans ; on dirait la même chose pour la femme séparée
de biens et le faible d'esprit, car pour ces derniers aucun
texte ne vient interdire qu'ils ne soient liés pour un bail de
cette nature. Dans les autres cas au contraire, nous trouvons l'article 481 du Code civil, pour le mineur émancipé,
l'article 1718 du Code civil pour le tuteur, les articles 1419
et 1420 pour le mari, qui interdisent à ces personnes des
baux de cette nature.

Que se passerait-il alors si un bail à complant tel que
nous les connaissons, c'est-à-dire avec une durée fort

longue, avait été consenti par une de ces personnes : la nullité ne serait pas prononcée, mais on suivrait croyons-nous la théorie générale, en ramenant le bail à la durée permise ; c'est-à-dire que la personne incapable, engagée par ce contrat, ne serait tenue que pour une période de neuf ans, si c'est un émancipé qui a consenti le bail ; et si ce bail a été consenti par un administrateur des biens d'autrui, mari ou tuteur, on divise la durée du bail en période de neuf années, et l'incapable n'est tenu que de compléter la période dans laquelle il se trouve à la fin de son incapacité (article 1429 du Code civil).

SECTION II

PREUVE DU BAIL A COMPLANT

De nos jours cette preuve du bail à complant n'offre point de particularités, et les baux qui ont été faits depuis le Code civil doivent être passés comme l'indique l'article 1341 du Code civil par devant notaire ou sous signature privée ; dans le cas bien entendu où la valeur de la redevance est supérieure à 150 francs, et encore avons-nous dans notre Code des articles spéciaux pour le louage de chose que nous appliquerons au bail à complant non translatif de propriété ; mais la plupart des baux à complant qui existent dans l'ouest de la France, ont été passés bien avant la rédaction du Code ; on trouve dans certains vignobles des colons qui sont là depuis plusieurs générations, et dans ces conditions les « prises » peuvent avoir été détruites, ou perdues, et il ne sera pas facile alors au propriétaire de prouver que son colon par exemple jouit de la vigne à titre de complanteur, qu'il est tenu de telles obligations, et dans les pays comme le Maine-et-Loire, où nous avons décidé il est vrai que le colon n'était pas propriétaire, mais où ce caractère lui est reconnu cependant par quelques jugements, comment arriver à cette preuve si le titre qui faisait foi est perdu, ou s'il n'a jamais existé, car il arrivait encore fréquemment que le bail était consenti par conventions verbales.

En Loire-Inférieure, où la question du transfert de la propriété n'est pas discutée, on distingue deux cas quand le titre est perdu ou n'a jamais existé.

1° Ou bien le droit de complant n'est pas méconnu, et le litige porte sur les obligations ;

2° Ou bien le droit de complant est contesté.

Dans le premier cas, on se référera aux usages du pays dans lequel se trouve la vigne, et aux habitudes généralement suivies par les propriétaires et colons en pareille circonstance. On peut même admettre la preuve testimoniale, quand l'obligation contestée n'est autre qu'un fait que le colon avait l'habitude d'exécuter : porter la vendange au pressoir du propriétaire, par exemple, quand ce pressoir est assez éloigné du clos, sortir la vendange par tel endroit du vignoble. Rien ne s'oppose en effet à ce qu'un fait de l'homme soit prouvé par témoins.

Dans l'autre cas nous voyons, d'après Sibille, que la preuve testimoniale est accueillie, soit pour établir les obligations des contractants, soit pour justifier de l'existence du complant, mais à la condition que la preuve portera d'abord sur le fait ou l'événement, qui empêche la partie de représenter une preuve par écrit; c'est donc l'application de l'article 1348 du Code civil; cette solution qui est conforme aux principes a été jugée trop sévère, et la jurisprudence dans plusieurs circonstances a ordonné la preuve par témoins de l'existence du complant sans se préoccuper des articles 1341 et 1348 (1). Et sans aller jusqu'à la preuve par témoins, on pourra aussi démontrer l'exactitude de faits divers dont il appartiendra au tribunal d'apprécier la gravité et les circonstances, par exemple s'il est justifié que le clos était planté de temps immémorial de vignes à complant, ou que le complant avait été compris dans une succession et partagé entre les héritiers. Dans ces conditions alors, on ne pourrait permettre au colon de se considérer comme propriétaire et non comme complanteur, car du moment que la preuve de l'existence du complant existe, il doit s'ensuivre que c'est le bailleur qui est propriétaire du fonds, — chose du reste qu'il pourra faire au moyens de titres étrangers au colon — que le colon fût-il resté en jouissance et possession depuis plus de 30 ans,

(1) Sibille, J. du T. civ. de Nantes, 14 juin 1830. — 22 février 1848. *Usages et coutumes de la Loire-Inférieure.*

ne doit être considéré que comme un fermier n'ayant pu
prescrire (1), (article 2236 Code civil). Mais n'oublions pas
que nous sommes en Loire-Inférieure et que, dans ce
département, le bail à complant n'est pas translatif de
propriété, or quand un propriétaire et un colon auront
méconnu leurs droits respectifs, quand un colon par
exemple revendiquera la propriété du fonds alléguant qu'il
en est en possession depuis plus de 30 ans, que par conséquent il a prescrit, il ne pourra avoir gain de cause que
si le bailleur ne démontre pas l'existence du complant, car
dès qu'il est prouvé que le colon ne détenait la chose que
comme simple complanteur, on conclut qu'il ne peut être
propriétaire, c'est un fermier ordinaire, qui ne peut prescrire qu'autant que son titre sera interverti.

Tel est l'usage suivi en Loire-Inférieure pour trancher
les difficultés, qui peuvent se présenter dans les rapports
des deux parties contractantes du bail à complant; peut-
on procéder de même dans les départements de la Vendée
et de Maine-et-Loire, où nous avons décidé que le bail à
complant n'était pas translatif de propriété? Il nous semble
que non, car si nous avons admis comme non translatif
de propriété, le bail à complant de ces départements ce
n'est qu'une opinion personnelle, ce qui n'empêche pas
que dans nombre de jugements ce bail soit considéré
comme ayant un caractère contraire, puis d'après les
arguments que nous avons apportés pour démontrer le

(1) Nantes, S. 94. 2.315.

caractère non translatif, nous nous sommes surtout arrêtés aux clauses des titres, or quand ces titres sont perdus, on aura beau démontrer l'existence du complant, il ne s'ensuivra pas, comme en Loire-Inférieure, que le colon ne puisse être qu'un détenteur précaire, puisqu'il n'est pas d'un usage constant que le bail à complant dans ces départements soit reconnu non translatif de propriété; et le colon dans ce cas aura de grandes chances de triompher; on ne peut lui dénier en effet la qualité de possesseur, puisque c'est lui qui est en possession du vignoble, il sera donc défendeur et pas tenu de la preuve, que le bailleur ne pourra faire puisque le titre est perdu ou n'a jamais existé; du reste, même en admettant que le bailleur puisse arriver à démontrer son droit de propriété, si le colon a la jouissance du vignoble depuis plus de trente ans, on ne pourra lui refuser le bénéfice de la prescription, puisque dans ce département il n'est pas considéré de prime abord comme détenteur précaire, et que la plupart du temps il aura lui aussi des titres anciens, quoique postérieurs au complant, qui démontreront des transmissions successives de colon en colon tout comme si ces colons successifs étaient de vrais propriétaires. Tout ce que le bailleur pourra démontrer c'est son droit à la redevance, et encore s'il a eu soin de se faire délivrer un titre récognitif qui empêche la prescription de courir. La preuve dans ces départements sera fort difficile à établir étant donnée l'incertitude de la jurisprudence sur le véritable caractère du bail à complant.

Quant à la preuve pour les départements où le bail à
complant est nettement translatif de propriété, la contestation ne pourra porter que sur la redevance, à savoir si
elle est due. Là en effet, on ne pourra jamais contester
que le colon ne possède pas à titre de propriétaire,
puisque de par le bail la propriété lui est transférée; il
faudrait alors contester l'existence même du bail, et cette
existence pourra se prouver de la même façon que pour
les baux non translatifs de propriété; en tout cas, le colon
est en possession, ce n'est pas lui qui devra faire la preuve,
mais le demandeur, c'est-à-dire le bailleur, il faudra alors
qu'il démontre, dans le cas bien entendu où le titre est
perdu ou n'a jamais existé, que le colon n'a aucun droit
sur cette vigne, que jamais cette vigne n'a été l'objet d'un
bail à complant, preuves fort délicates à faire pour ne pas
dire impossibles; aussi la contestation s'élèvera surtout à
cause de la redevance, et si le bailleur n'a pas le soin de
se faire délivrer avant trente ans un titre nouveau comme
il est prescrit par l'art. 2263, au débiteur d'une rente, le
colon pourra se prévaloir de la prescription, car comment
démontrer que la redevance due a été payée pendant
30 ans, comment démontrer que si le colon est propriétaire du fonds, il est en même temps débiteur d'une rente,
et comme il y a plus de trente ans qu'il est en possession,
il sera affranchi du payement de cette redevance, et le
bailleur ne pourra le contraindre au rachat; l'art. 1912
n'est plus applicable; le colon est censé avoir acquis la
propriété du fonds par prescription.

SECTION III

DURÉE DU BAIL A COMPLANT

Nous avons vu en étudiant les définitions du bail à complant, dans nos anciennes coutumes, que certains auteurs assignaient à notre bail une durée perpétuelle, comme Poullain-Duparc par exemple, mais sans faire de la perpétuité un élément essentiel du contrat. C'était la durée qu'on lui assignait dans l'ancien comté Nantais, en Anjou et dans les autres provinces où ce bail était en usage ; tantôt on en fait un contrat à durée perpétuelle, tantôt un contrat à durée temporaire, mais le plus souvent, on lui assigne une durée dépendante de la durée de la vigne, et l'on peut dire alors que la durée du contrat sans être perpétuelle peut se prolonger pendant un temps fort long, car au moyen de certains procédés, tels que le provignage et la replantation, on peut voir une vigne vivre sinon perpétuellement du moins un grand nombre d'années ; nous disons « sinon perpétuellement » car il arrivera toujours un moment où la vigne, vu son état de vétusté, ne produira plus rien.

Il nous est donc possible d'admettre que la durée de notre contrat sera ou perpétuelle de par le titre, ou infiniment longue, si l'on lie son sort à celui de la vigne ; nous ne parlerons pas de la durée temporaire, car nous la ren-

controns à peu près pas dans les baux qui nous sont connus. Que décider alors, pour un bail de cette nature à
notre époque, et comment concilier ce caractère de perpétuité ou de durée indéfinie avec l'art. 1709 du Code civil,
qui ne permet les baux que pour un temps déterminé.

Remarquons d'abord que si l'on suppose un bail à complant transférant la propriété du preneur, la question ne
se pose pas; la perpétuité est en effet considérée comme
un caractère de la propriété, et dans ce cas même notre
contrat doit avoir ce caractère; nous avons vu en effet
que ce n'est autre chose alors qu'une vente à rente, dont
la redevance est considérée comme rachetable par l'art. 530
du Code civil appliquant en cela la loi de décembre 1790,
et que si le contrat est résolu dans la suite, et avant le
rachat, — et nous savons qu'elle ne peut être déclarée
irrachetable que pendant 30 ans — vu le mauvais entretien du vignoble, il n'y a là qu'un terme incertain qui
ne met pas obstacle au caractère perpétuel de la propriété.

Mais si, au contraire, le complant ne transfère pas la propriété, c'est un louage, et un louage ne peut-être fait
qu'à temps, ou pour une période ne dépassant pas 99 ans,
or le bail à complant, même s'il n'est fait que pour la
durée du vignoble, peut excéder cette période et la contradiction alors existe avec les principes de notre législation.
M. Taudière (1) dans un rapport sur les vignes à complant,

(1) *Bulletin de la Société des Agriculteurs de France.* Rapport
de M. Taudière sur les vignes à complant. 1er avril 1897.

dit, en s'appuyant sur des théories enseignées dans le *Journal d'Agriculture pratique* du 28 janvier 1897, que le bail à complant n'est pas un louage et que l'art. 1709 du Code civil, ne peut lui être appliqué, qu'est-ce alors? L'avis du Conseil d'État de l'an VIII lui reconnaît ce caractère, sauf la durée de la jouissance du colon, cela est certain, mais à cette date l'art. 1709 du Code civil n'existait pas, et en appliquant de nos jours cette solution, il faut en même temps appliquer cet article, sinon notre contrat serait et illégal et illicite.

Or, puisque l'on ne peut, d'après notre législation, consentir des baux dont la durée excédera 99 ans, nous devons conclure ceci : que toutes les fois que nous rencontrerons un bail à complant où il ne sera rien dit de la durée, il ne pourra excéder 99 ans; si la durée est perpétuelle ou liée au sort de la vigne, en vertu de l'art. 1157 du Code civil sur l'interprétation des conventions, nous réduirons ce bail à la durée permise; enfin pour les baux perpétuels consentis avant le code, le point de départ de la durée de 99 ans sera la promulgation du Code civil; car pour ces baux-là aussi nous devrons appliquer strictement la loi.

SECTION IV.

DE LA TRANSCRIPTION ET DE L'ENREGISTREMENT DANS LE BAIL A COMPLANT.

Remarquons que pour la transcription, la plupart des baux à complant seront soumis à cette formalité depuis la loi du 23 mars 1855. Nous pourrions même dire tous, car on doit transcrire tous les transferts de propriété, et les baux d'une durée de plus de 18 ans ; ce qui comprend les baux à complant qui ont le caractère translatif, et ceux qui ne l'ont pas, car nous venons de voir qu'il sera très rare de voir des baux à complant de durée de moins de 18 ans, puisque la plupart du temps, ils sont faits pour la durée de la vigne et réduits à 99 ans. Les baux de moins de 18 ans bien entendu ne seront pas soumis à la formalité de la loi de 1855.

Pour les droits d'enregistrement, nous devons faire également la distinction entre les baux translatifs de propriété et ceux qui ne le sont pas. Pour les premiers il sera perçu un droit de 5,50 0/0 d'après l'article 69, § 7, n° 1 de la loi du 22 frimaire an VII, et l'article 52 de la loi du 28 avril 1816. Pour les autres, si le bail est consenti pour une durée limitée un droit de 0 fr. 20 0/0 sera seul perçu d'après l'article 1 de la loi du 10 juin 1824 : si au contraire il est fait à vie ou à durée illimitée, il sera soumis à un droit de 4 0/0 (1).

Quand le bailleur cédera son droit, il pourra être aussi perçu deux droits différents suivant la cession. S'il cède simplement son droit à la redevance, l'enregistrement ne percevra que 2 0/0, s'il cède la propriété du fonds, le droit sera de 5,50 0/0.

Si c'est le preneur qui cède son droit de jouissance, il sera perçu un droit de 0 fr. 20 0/0 ou de 4 0/0 suivant que le bail est à durée limitée ou illimitée ; s'il cède son droit de propriété le droit perçu sera de 5 fr. 50 0/0.

En cas de décès du preneur, l'enregistrement perçoit les mêmes droits, soit qu'il s'agisse d'un bail translatif ou non translatif ; et si dans ce cas l'administration n'applique pas les règles habituelles en matière de bail, c'est qu'elle considère que le droit de complant est un droit facilement appréciable puisqu'il procure à l'héritier un bénéfice certain ; le droit est perçu aussi bien en Loire-Inférieure que dans les autres départements où le caractère de bail n'est pas franchement déterminé (2).

---

(1) Naquet. *Traité théorique des droits d'enreg.* — Championnière et Rigaudt. *Dict. des dr. d'enreg.* — Rolland de Villargues. *Rep. de la jurisp. du notariat.* — Sibille. *Usages et coutumes de la Loire-Inférieure.*

(2) Garnier. *Rep. Bail à complant.* — Thebaud. *Bail à complant en Loire-Inférieure.*

SECTION V.

DE LA DISPOSITION DE LA VIGNE PAR LE PRENEUR.

Le colon, nous l'avons vu, a un droit sur le complant,
et quand il s'engage à payer cette redevance soit à titre
de louage, soit à titre de prix de vente, il s'engage d'après
les vieilles coutumes, « pour lui, ses hoirs et ayants
causes »; c'est ce que l'article 1122 du Code civil nous dit
sous cette forme « on est censé avoir stipulé pour soi, ses
héritiers et ayants cause, à moins que le contraire ne
soit exprimé ou ne résulte de la nature de la convention».

Si l'on étudie les vieux baux on voit alors que la plupart du temps une restriction est apportée à ce principe,
et que le colon n'a pas la pleine et entière disposition de
son droit; d'abord dans certains pays et très rarement, on
limite la transmission héréditaire de ce droit à la transmission en ligne directe, mais les clauses les plus fré-
quentes que nous avons trouvées viennent restreindre les
transmissions volontaires, les aliénations que le colon peut
faire de son droit.

Remarquons d'abord, que cette restriction n'est pas de
la nature du bail à complant, et en l'absence de toute convention prohibitive, le colon pourrait céder son droit à
des tiers ; c'est ce qui ressort du passage de l'ouvrage de
M. Neven-Derotric que nous extrayons : « Cette question

soumise au tribunal civil de Nantes a été résolue affirmativement, par jugement passé en force de chose jugée le 29 décembre 1841. Cette décision est d'une haute importance : elle est fondée sur ce que les droits du colon, sans être fonciers, sont beaucoup plus étendus, et même d'une autre nature qne ceux du simple fermier, puisqu'on lui reconnaît la propriété du plant de vigne, propriété qui, comme tout autre propriété, doit être naturellement susceptible de transmission ; que dans un rapport fait au conseil des Cinq Cents, le premier jour complémentaire an VI, le bail à complant nantais est qualifié de bail unique, extraordinaire ; que l'avis du Conseil d'Etat du 4 thermidor, an VIII, l'assimile au bail à domaine congéable ; qu'enfin, ce qui semble prouver que la prohibition de céder le droit de colonage n'existe pas de plein droit, et n'est pas inhérente d'une manière absolue au bail à complant, c'est que dans l'espèce, les bailleurs croyaient avoir besoin de le stipuler d'une manière expresse, ce que l'on remarque dans un grand nombre de baux à complant » (1). Voilà donc ce qui se passait en Loire-Inférieure, et comme nous trouvons ces mêmes clauses restrictives dans les baux à complant des autres pays, nous aurons donc le droit de généraliser et de dire qu'en l'absence de toute convention prohibitive, le colon peut céder son droit, et dans cette cession nous n'avons pas dans l'idée une simple location, ou sous-

______

(1) Neveu-Derotric. *Commentaire sur les lois rurales françaises,* suivi d'un *Essai sur les usages locaux.*

location, mais une véritable vente qui prendra des noms différents suivant la nature du bail à propos duquel elle interviendra. Si c'est un bail translatif de propriété, le fait pour le preneur de mettre un tiers en son lieu et place, de le rendre titulaire de ses obligations, constitue une vente ; dans un bail à complant non translatif ce sera une cession de bail.

Nous n'entrerons pas dans la discussion qu'a soulevée l'article 1717 du Code civil sur cette cession, nous remarquerons seulement que la théorie de M. Neveu-Derotrie est tout à fait conforme à cet article. « Le preneur a le droit de sous-louer et même de céder son bail à un autre, si cette faculté ne lui a pas été interdite ». Donc, si dans un bail à complant non translatif, comme ceux de la Loire-Inférieure, nous trouvons des clauses ainsi conçues « le dit preneur ne pourra vendre et aliéner le susdit complant de vigne sans en donner avis à la dite dame. Et faute d'exécution des conditions ci-dessus, elle pourra s'en emparer sans autre formalité de justice » (1), il y aura résolution du contrat dans le cas où le colon passerait outre, ce sera une cause d'extinction du bail à complant.

Si au contraire le preneur d'un complant translatif cède son droit, nous avons vu qu'il y avait vente, quels seront les moyens donnés au bailleur pour empêcher ces sortes de cessions. Il est certain d'abord que dans le cas où les parties ne se sont point expliquées sur ce point, le bail-

____

(1) Delalande. *Rapport sur les vignes à complant,* ann. XXIV.

leur devra souffrir la cession, mais nous savons aussi que nombre de clauses restrictives pourraient exister dans les titres, et quand on en trouvera on devra s'y conformer, sinon on appliquerait les mêmes règles que plus haut et le contrat serait résolu, ce serait comme pour les obligations du colon, la résolution du contrat par l'arrivée d'un terme incertain. Or, parmi ces clauses, celle que l'on rencontre le plus est la suivante, « ils (les preneurs) ne pourront vendre, échanger ou hypothéquer spécialement tout ou partie des dits cantons de vignes sans le consentement exprès du propriétaire qui en cas de vente se réserve la faculté de pouvoir les acquérir lui-même si cela lui convenait aux mêmes prix et conditions qui en seraient offertes ou à tels autres dont il conviendrait avec les dits preneurs ou enfin à dire d'experts » (1). C'est ce qui a fait dire que le bailleur avait un droit de préemption, il doit en effet, dans le cas de clauses restrictives à la faculté de disposer pour le preneur, être averti de la cession, et il aura le droit de devenir acquéreur.

Remarquons qu'il est d'un usage constant que ces clauses restrictives se trouvent dans les baux, et qu'il arrive fréquemment que dans le cas de cession, le colon avertisse le propriétaire bien qu'il ne soit rien dit dans le titre de la façon dont le colon pourra disposer de son droit; les clauses finissant par être sous-entendues. Mais comme le dit M. Neveu-Derotric, le colon a la libre faculté

(1) Beucher. Annexe X. Bail à complant en Maine-et-Loire.

de disposer de son droit, et ce n'est que par des clauses prohibitives que l'on peut l'empêcher de le céder.

SECTION VI

DES ACTIONS POSSESSOIRES DANS LE BAIL A COMPLANT
DE LA COMPÉTENCE

Avant d'abord d'étudier le rôle des actions possessoires dans notre bail à complant, disons tout de suite que nous ne nous occuperons que d'une seule d'entre elles, — si tant est qu'il y en ait plusieurs — et que nous admettons sans entrer dans la discussion, que les trois actions citées par le Code, la complainte, la réintégrande, et la dénonciation de nouvel œuvre, ne forment plus maintenant qu'une seule action, la complainte, et que les noms différents qu'on lui donne ne servent qu'à reconnaître les cas divers dans lesquels elle est employée (1).

Quel est alors le rôle de la complainte dans le bail à complant ?

Une action possessoire est une action réelle immobilière, de la compétence du juge de paix qui sert à se faire maintenir en possession quand on est troublé, ou à recouvrer

____

(1) Planiol. *Droit civil*. tome I, n°s 983 et suivants. Garsonnet. *Cours de Procédure*, tome I, en ce sens. — En sens contraire, *Jurisprudence actuelle*.

cette possession quand on l'a perdue ; elle n'est jamais donnée en matière mobilière, par suite de la maxime : « En fait de meubles, possession vaut titre », peut elle être intentée à propos d'un bail à complant ?

Peut-on d'abord la donner au bailleur ?

Pour résoudre la question, nous devons faire les distinctions suivantes : s'agit-il d'un bail à complant translatif de propriété, ou non translatif de propriété, et dans chacun de ces cas, nous nous demanderons contre qui le bailleur peut se servir de cette action.

1º Dans un contrat translatif de propriété.

Nous avons vu que le bail à complant dans le cas où il transférait la propriété au preneur, n'était autre qu'une vente à rente ; et partant de cette idée, nous pouvons dire qu'autrefois le bailleur qui par cette vente, était considéré comme ayant toujours un droit immobilier sur la redevance, puisque cette redevance était une rente foncière constituant un droit réel immobilier, pouvait exercer à juste titre l'action possessoire comme créancier immobilier troublé dans ses droits. C'est du reste ce que nous disent MM. Henrion de Pansey (1) et Carré (2). Mais ces auteurs ont perdu de vue les changements survenus dans

(1) Henrion de Pansey *Traité de la compétence des juges de paix.*

(2) Carré. *Lois de la Compétence.*

la législation, et oublié l'art. 529 du Code civil qui range les
rentes dans la catégorie des meubles par la détermination
de la loi. Or depuis cet article, le bailleur dans un bail à
complant translatif de propriété n'est plus qu'un créancier
mobilier de la redevance, et on ne peut, par ce fait, lui
donner l'action possessoire (1) ; soit qu'il soit troublé par
le preneur ou par un tiers ; on ne comprendrait pas du
reste un trouble apporté dans ce cas par un tiers, puisque
le bailleur n'est plus propriétaire et que son droit ne lui
confère pas la possession ; mais ce qui doit se passer
souvent en pratique c'est le trouble apporté par le preneur,
trouble qui consiste pour ce dernier à refuser de payer la
redevance due ; or, dans ce dernier cas, il faut voir si
vraiment la personne qui se prétend créancière de la
redevance, a vraiment ce titre, il n'y a pas là de question
de possesion à trancher, et on ne peut donner au bailleur
l'action possessoire ; le juge de paix du reste n'est pas
compétent pour ces sortes de choses ; l'affaire devra être
portée devant le tribunal civil (2), comme doit l'être une
contestation entre un vendeur et un acheteur immobiliers.

2° Dans un contrat non translatif de propriété.

Quand la propriété reste dans les mains du bailleur, ce
dernier sans aucun doute a droit à l'exercice de la

(1) Duvergier. *Droit francais.*
(2) Rapport de M. Grandon à la Cour de cassation. — 26 janvier.
S. 27. 1. 228.

complainte, quand il est troublé dans sa possession par un tiers ; c'est lui en effet qui possède, *corpore alieno*, il est vrai, mais c'est à lui que les tiers doivent s'adresser en cas de contestations. A-t-il également droit à la complainte, quand le litige porte sur ses rapports avec le colon. Là évidemment, il ne peut y avoir de question de possession à trancher ; le fermier est détenteur précaire, nous l'avons vu, n'ayant aucun droit de possession sur le fonds, et s'il survient quelques contestations entre lui et son bailleur, c'est au juge de paix qu'il appartiendra de juger, en vertu de la compétence spéciale qui leur est attribuée par l'art. 23 de la loi du 25 mai 1838, modifiée par la loi du 2 mai 1855.

Le preneur aura-t-il lui aussi droit à la complainte ?

Nous appliquerons dans ce dernier cas les mêmes règles que pour le bailleur ; si le preneur a un droit réel immobilier, on lui reconnaîtra ce droit ; ceci n'arrive du reste que lorsque le bail lui confère la propriété du fonds dans un complant non translatif, il ne pourra jamais agir par cette voie, puisqu'il est détenteur précaire ; en cas de trouble il devra prévenir son bailleur et nous avons vu que c'était à ce dernier d'intenter l'action. Il n'y aurait qu'un cas où certains auteurs lui reconnaissent ce droit, c'est quand il est propriétaire du plant de vigne. On ne voit pas pourquoi en effet, on lui refuserait le droit d'intenter la complainte, quand il est propriétaire superficiaire, alors qu'on le permet au domanier dans le bail à

domaine congéable et au fermier, qui en vertu des clauses
du bail, peut élever des constructions sur le fonds.

SECTION VII

DE L'EXTINCTION DU BAIL A COMPLANT

Nous ne parlerons pas ici des cas fortuits qui peuvent
amener la perte de la vigne, et par suite mettre fin au
contrat; nous n'étudierons ces cas que lorsque nous parlerons de la loi du 8 mars 1898, qui est intervenue justement à cause des cas fortuits, produits par le phylloxéra,
nous nous contenterons simplement de dire que le bail à
complant prend fin par la volonté du colon, par la détérioration de la vigne et par la perte de la vigne.

1° *Par la volonté du colon.*

Le bail à complant prenait fin autrefois par la volonté
du colon, au moyen d'un procédé appelé déguerpissement
ou exponce. Voici en quoi il consistait : c'était pour le
preneur le droit de pouvoir faire cesser les effets du bail
en renonçant à sa possession ; il n'était du reste pas particulier au bail à complant et l'on en trouve quelques définitions que l'on peut appli,uer aux tenures qui, comme le
complant, exigeaient de la part du preneur une redevance
en payement. En voici un exemple : « l'exponcion que les

autres coutumes appellent déguerpissement, est un expé-
dient par le moyen duquel, les seigneurs et possesseurs
des héritages, en les quittant et abandonnant suivant les
formalités requises se déchargent pour l'avenir des devoirs,
des cens et des rentes féodales foncières et anciennes ou
autres dues en blés, vins, deniers ou autrement, sur et à
cause et pour raison des héritages ainsi quittés, exponcés
ou déguerpis (1). Voilà un droit reconnu au colon d'abandonner la vigne, mais dans quel cas peut-il le faire, et
dans quel état doit il laisser la vigne?

D'après les vieilles coutumes, il ressort que le déguerpissement ne peut avoir lieu que dans un bail à complant
fait à perpétuité, d'abord cette facilité d'abandon ne
se comprendrait guère dans un bail à temps, et nous
trouvons dans les articles des coutumes qui parlent de
l'exponce, des mentions de ce genre : « Celui à qui est
l'héritage le peut quitter au seigneur du fief et lui en faire
exponce et quittance afin que luy ni ses héritiers ne
soient tenu de lui payer ni continuer les dites rentes
ou devoirs », ce qui démontre bien que cette faculté a
lieu seulement dans un bail à perpétuité, car dans un
bail temporaire, ni le preneur ni ses héritiers ne pouvaient rompre leur engagement contre le gré du bailleur,
avant l'arrivée du terme, qui mettait fin au contrat.

Dans quel état la vigne doit-elle être abandonnée?
Hervé disait que le colon de la Loire-Inférieure ne devait

(1) Dupineau. *Observations sur la cout. d'Anjou.*

pas rétablir la vigne au moment de l'exponce (1). Poullain
Duparc faisait remarquer qu'il était nécessaire pour le
colon de « rendre l'héritage en bon état de vigne, quoi-
qu'on l'ait reçue sans aucune plantation ; Boucheul, dans
la coutume du Poitou, disait que le colon pouvait faire
exponce toutes les fois qu'il lui plaira à moins de conventions contraires, mais que cette exponce ne peut être
faite que si on laisse la vigne, « en l'état de façon que
vignes doivent être et sont accoutumées être faites au pays
au temps de la dite exponcion et quittance, c'est à savoir
déchaussées, taillées, fouïes, binées et en payant les
arrérages desdits cens ou charges si aucuns y en a du
terme prochain ». Boulay-Paty dans son rapport ne demande
aucun rétablissement ; les avis sur ce point étaient donc
loin d'être partagés. Il est certain qu'en pratique cette
divergence d'opinions importait peu, car la plupart du
temps il est facile de se rendre compte de la façon dont
les choses se passaient. De par son contrat en effet, le
preneur est obligé au bon entretien de la vigne ; certaines
obligations qu'il doit remplir ne sont exigées de lui que pour
perpétuer la vigne le plus longtemps possible, et d'après
les auteurs que nous venons de citer sauf Hervé et Boulay-Paty, le déguerpissement ne peut avoir lieu que si ces
différentes obligations ont été ponctuellement exécutées.
Or, qu'arrivera-t-il en pratique, c'est qu'un moment viendra où, malgré le provignage et la replantation des plants

(1) Sibille. *Usage et coutume de la Loire-Inférieure.*

qui viennent à manquer, la vigne malgré les bons soins
du colon viendra à péricliter, et à ne plus rien produire,
il faudrait la reconstitution du vignoble, et dans la plupart des baux nous voyons le colon non seulement n'être
pas tenu de la replantation, mais ne pas en avoir le droit,
la destruction de la vigne étant considérée comme extinction du bail à complant. Donc la plupart du temps le
déguerpissement n'aura lieu qu'après bonne culture du
colon, qui a rempli ponctuellement ses obligations, et ne
servira qu'à une chose, empêcher le colon de faire des
frais énormes, pour arriver à faire produire une vigne
trop vieille, ce sera donc surtout un bienfait que lui procure le bailleur en lui permettant de déguerpir; voilà
donc pourquoi, dans presque toutes les exponces, nous
voyons une vigne en mauvais état alors que l'on demande
dans les coutumes que le déguerpissement n'ait lieu
qu'après que le colon ait rempli ses obligations et mis la
vigne en bon état; et ces exponces sont généralement
suivies d'un nouveau bail à complant portant sur le
vignoble, qui va être reconstitué. Tels sont du moins les
usages suivis en Loire-Inférieure, et que nous étendons
par analogie aux baux à complant des autres départements
qui ne sont pas translatifs de propriété. Nous conclurons
donc que pour ces baux, le colon peut déguerpir sans mettre
la vigne en état, car s'il devait être soumis à cette obligation, ce serait la replantation même de la vigne qu'il
devrait faire et nous avons vu que dans ces cas, le colon
n'a pas le droit de replanter, sans l'avis préalable du bail-

leur. On pourrait toutefois se demander à quoi sert
l'exponce dans ces sortes de baux, puisque le bail va
prendre fin par suite de la perte de la chose due, la
vigne ne rapportant plus rien, et comme nous sommes
dans un cas de louage il y a extinction du droit du preneur; à ceci nous répondrons que cette exponce a une double utilité; elle sert à régler et à fixer la situation des parties;
c'est comme le dit M. Beucher, la liquidation de cette
espèce de société qui existe entre le bailleur et son colon,
et par cette liquidation le colon ne fait que rendre la
chose louée comme il y était obligé par le contrat; puis
comme nous le faisions remarquer plus haut, l'exponce
empêche le colon de faire des frais pour arriver à faire
produire une vigne trop vieille; le bailleur, lui aussi, y
trouve son avantage, car par ce moyen le colon ne lais-
sera pas tomber une vigne complètement en ruine quand
il verra que le rapport diminue, il fera exponce, et le
bailleur lui permettant, on procédera à un nouveau bail,
après avoir arraché les vieux ceps. On évite ainsi des
pertes de temps considérables, et en même temps les deux
parties souffrent moins des diminutions de revenus,
qu'occassionnerait l'attente de la perte totale du vigoble.

Que doit-il se passer maintenant pour les baux à complant translatifs de propriété? Là le colon est débiteur
d'une rente foncière, en déguerpissant il se libère du payement de cette rente; mais dans quel état doit-il laisser
l'immeuble; Pothier dans son traité du bail à rente nous
dit que « le preneur pour être reçu au déguerpissement

est tenu de faire au préalable toutes celles (constructions ou plantations) auxquelles lui ou ceux dont il est héritier médiat ou immédiat ont donné lieu par leur fait ou même par leur négligence (1) »; dans ce cas donc en appliquant cette solution au bail à complant non translatif il sera tenu, pour pouvoir faire exponce, de laisser la vigne en bon état puisqu'il doit réparer le dommage résultant de son fait ou de sa négligence ; mais dans le cas où la vigne viendrait à périr par vétusté, c'est un cas de force majeure, et il ne peut en être responsable ; il peut donc alors déguerpir en laissant la vigne dans l'état où elle se trouve, à moins qu'il ne préfère replanter le vignoble ; le contrat alors continue car étant tenu d'entretenir le vignoble, la replantation peut rentrer dans la série des obligations auxquelles il est tenu.

Remarquons du reste, que pour le bail à complant translatif de propriété, cette question de déguerpissement n'a plus qu'un intérêt rétrospectif, puisque depuis la loi du 11 brumaire an VII, la faculté de déguerpissement n'est plus accordée au débiteur d'une rente foncière. Nous ne verrons donc plus maintenant le bail à complant dans les pays où il est translatif de propriété prendre fin par l'exponce du preneur ; la fin normale de ce contrat dans le cas où la redevance est perpétuelle, sera le rachat de cette redevance.

On pourrait se demander alors, si le déguerpissement peut

_____

(1) Pothier. *Traité de bail à vente.*

encore avoir lieu dans les baux à complant non translatifs de propriété. Nous avons dit en étudiant le caractère de ce bail à complant, que cette faculté de déguerpir, donnée au preneur, était embarassante pour assurer à ce dernier un droit mobilier, et nous avions dit, que ce droit d'exponce ne ressemblait en rien, soit au déguerpissement de l'ancien droit, soit à notre délaissement actuel : qu'il était donné au preneur dans le cas où la vigne ne rapporterait plus assez pour l'indemniser de ses peines, et non pas parce qu'il était tenu *propter rem*. Le colon dans ce cas, nous l'avons admis, n'a aucun droit sur l'immeuble, il cultive cet immeuble, à la condition de payer au bailleur une redevance en nature, à chaque récolte qu'il tire du vignoble et cette faculté de déguerpir d'abandonner la culture ne peut être considérée, que comme un droit de résiliation du contrat par la volonté du preneur, et dans des cas déterminés ; du reste, comme nous l'avons fait remarquer, ce déguerpissement est accordé au domanier dans le bail à domaine congéable, et de nos jours encore, dans les baux à complant non translatifs de propriété, les auteurs reconnaissent ce droit au colon. MM. Sibille et de Trémaudan dans leur étude sur les usages locaux de la Loire-Inférieure nous disent que le bail à complant prend fin par exponce ou déguerpissement. On doit donc reconnaître sous l'empire de notre législation actuelle la validité de cet acte, d'autant plus que généralement, le bailleur accepte bien volontiers cette faculté donnée au colon d'abandonner la culture ; il y a donc alors convention entre les deux parties, et convention licite et reconnue par nos lois.

2° *Par la détérioration de la vigne.*

Nous venons de voir que le bail à complant prend fin par la volonté du colon au moyen de l'exponce, mais il se peut que le colon ne veuille point avoir recours à ce procédé, et qu'il demande la résiliation du bail par suite de la détérioration du vignoble; on assimile en effet le cas où la vigne a perdu plus de la moitié de ses plants, au cas où la vigne a péri en totalité, et l'on doit croyons-nous alors appliquer l'article 1741 du Code civil: « le contrat de louage se résout par la perte de la chose louée ». Le bailleur lui aussi peut demander pour cette même cause la rupture du contrat, car dans ce cas le colon ne peut plus rien prétendre sur un fonds qui ne rapporte plus de raisins, et l'on sait que pour les baux à complant qui ne transfèrent pas la propriété, le colon ne peut replanter sans le consentement du propriétaire, et ce sont ces baux qui nous occupent en ce moment. Cette remarque est importante, car si le colon pouvait replanter sans le consentement du propriétaire, lui, pourrait bien demander la résolution du contrat, mais le bailleur se verrait obligé d'attendre que le colon ait pris parti, pour pouvoir résilier. Or d'après M. Neveu-Dérotric, une simple mise en demeure de la part

du bailleur, suffit, pour que le contrat prenne fin (1). Il
est vrai qu'en cas de contestation sur l'état de la vigne, le
débat est vidé par le juge après expertise. Il arrive même
que la résolution sera prononcée dans le cas où le colon
aurait remplacé le vieux plant par un nouveau, qui reste
improductif pendant quelques années (2). Seulement le
propriétaire qui réunirait par cette circonstance le nouveau
plant à son domaine utile, ne peut s'enrichir aux dépens
d'autrui, il en rembourse au colon la valeur ; mais comme
le colon, n'a pas le droit de replanter sans le consentement du bailleur, et que par ce fait il lui doit des dommages-intérêts, si les plants arrachés pouvaient encore
produire ; on déduira de cette valeur, les dommages et
intérêts évalués sur quatre années de non produit (3).

3° *Par la perte de la chose due.*

Ce dernier cas de résiliation n'offre plus maintenant de
difficultés, puisque nous avons vu, que la détérioration de
la vigne pouvait d'après les usages rentrer dans ce dernier
cas. On appliquera donc l'article 1741 du Code civil. Le
contrat en effet n'a plus de causes, il ne peut donc exister.
Il est un cas cependant que nous devons signaler, c'est
que contrairement à ce que nous avons dit, le colon pourra

----

(1) Neveu-Derotrie. *Commentaires sur les lois rurales françaises.*
En ce sens. De Tremaudan et Sibille.
(2) Jugement du T. civil de Nantes. 19 déc. 1853.
(3) De Tremaudan. *Usages et coutumes de la Loire-Inférieure.*

replanter, dans le cas seulement où les ceps auraient été détruits par les guerres civiles (1).

On pourrait également citer parmi les causes de résiliation du bail à complant non translatif de propriété, toutes les causes qui mettent fin au louage ordinaire, puisque nous assimilons les deux contrats; nous appliquerons donc à notre bail à complant l'art. 1741 al. 2 du Code civil. L'expropriation ou cession de l'immeuble loué, pour cause d'utilité public met fin au contrat. Nous avons vu ainsi en étudiant les sanctions de l'obligation du preneur, que notre bail est un contrat synallagmatique, régi par l'article 1184 Code civil; il tombera donc sous le coup de l'article 1741 al. 3 du Code civil, qui n'est qu'une répétition de cet article : « Le contrat de louage se résout par le défaut respectif du bailleur et du preneur de remplir leurs engagements ». Le bail prendra fin également par l'annulation, la rescision ou la résolution du titre de propriété du bailleur article 1741, al. 4 du Code civil, on ne fera exception que dans le cas de l'article 1673 du Code civil, ainsi conçu « lorsque le vendeur rentre dans son héritage par l'effet du pacte de rachat, il le reprend exempt de toutes les charges et hypothèques dont l'acquéreur l'aurait grevé : il est tenu d'exécuter les baux faits sans fraude par l'acquéreur ». Puis comme dans notre bail à complant aussi bien que dans un bail ordinaire, le bailleur s'oblige à procurer la jouissance du fonds au colon, le bail sera résilié en vertu

(1) Sibille. *Us. et cout. de la Loire-Inférieure.*

de l'article 1741 du Code civil, al. 5, quand le bailleur sera évincé. Enfin nous appliquerons sans hésitation à notre bail, l'article 1743 du Code civil, et en cas de vente du vignoble l'acquéreur ne pourra expulser le complanteur en cas de bail authentique ou dont la date est certaine à moins que le bailleur ne se soit réservé ce droit dans le contrat de bail.

Le contrat serait encore résolu dans le cas où le colon cèderait son droit alors que de par le titre il ne le peut pas ; nous nous rappelons en effet que le bailleur se trouve dans ces conditions investi des droits du colon et le bail prend fin alors par confusion.

Tout ce que nous venons de dire à propos de la résolution, de l'extinction du bail à complant, a trait au bail à complant non translatif de propriété, il nous reste donc à dire dans quels cas un bail à complant translatif de propriété prendrait fin. Nous avons vu que la fin normale du contrat, qui n'est autre alors qu'une vente dont le prix est une rente, est le rachat de cette rente ou redevance dans le cas particulier de non payement du prix ; et encore quand le colon ne remplit pas ses obligations pendant deux années (art. 1912 du Code civil), c'est-à-dire quand il ne paye pas son prix. Pourtant nous avons vu que dans ces sortes de baux, les anciennes coutumes voulaient que la propriété du fonds soit retransférée au bailleur, quand le colon ne remplissait pas ses engagements, et ne faisait pas à la vigne les façons d'usage ; or, peut-on encore de nos jours appliquer ces vieux principes et autoriser le bailleur à demander à la justice de rentrer en possession du fonds quand le colon ne donne pas à la vigne tous les soins d'un bon père de famille ? Il nous semble que oui, puisque nous sommes en présence d'un contrat synallagmatique d'une vente, et c'est l'article 1184 du Code civil qui gouverne la matière ; nous avons vu du reste que c'est là une vente à terme incertain, et qui sera résolue à l'arrivée de ce terme.

Mais il peut y avoir d'autres causes de résiliation du contrat, et si dans le cas précédent nous avons demandé au louage, de nous fournir les articles du Code relatifs à son extinction, cette fois nous aurons recours à la vente, et nous appliquerons à notre bail à complant les articles du Code touchant cette institution.

Le contrat sera donc résilié quand le colon aura été évincé totalement du fonds sur lequel il exerce son droit de complant, et dont il est propriétaire par l'effet du bail ; mais comme dans ce cas le bailleur était tenu à la garantie, nous appliquerons l'article 1630 du Code civil : « Lorsque la garantie a été promise ou qu'il n'a rien été stipulé à ce sujet, si l'acquéreur est évincé, il a le droit de demander contre le vendeur 1° la restitution du prix ; 2° celle des fruits lorsqu'il est obligé de les rendre au propriétaire qui l'évince ; 3° les frais faits par le demandeur originaire ; 4° enfin les dommages et intérêts ainsi que les frais et loyaux coûts du contrat. Remarquons que nous pourrons peutêtre rencontrer dans la pratique de nombreuses difficultés pour la restitution du prix, surtout si l'éviction se produit après une longue possession du colon ; pourtant le bailleur a eu entre les mains, et sans cause, une redevance en nature à laquelle il n'avait point droit, depuis le jour où le colon la lui a payée pour la première fois, et il ne peut s'enrichir aux dépens d'autrui ; par conséquent il devra rendre sinon ce qu'il a touché, au moins la valeur de sa part dans les différentes récoltes que le colon a faites jusqu'à l'éviction ; cette valeur sera facile à déterminer ; il devra aussi indemniser le colon, des fruits qu'il devra rendre d'après les articles 349 et 350 du Code civil, et quand le colon au lieu d'exercer son droit de complant sur un vignoble déjà planté, a eu à supporter les frais d'une plantation, le bailleur en vertu de l'article 1634 du Code civil devra lui payer les déboursés qu'il a faits en cette circonstance (1) ; pour les autres cas prévus par l'article 1630 du Code civil, il n'y a point de difficultés, le bailleur devra indemniser le colon de tous les déboursés occasionnés par la demande véritable du propriétaire, et les frais et loyaux coûts du contrat, sans préjudice des dommages et intérêts.

Quant à l'éviction partielle, nous appliquerons l'article 1636 Code civil, le complant pourra prendre fin quand la partie du vignoble dont le colon est évincé, est de telle importance que le colon n'eut point traité s'il eut connu

----

(1) Ce qui n'empêche pas le colon évincé de réclamer à celui qui l'évince la plus-value qu'il a donnée à l'immeuble en vertu de l'article 555 C. C.

la cause d'éviction. De même appliquerons-nous l'article
1638 du Code civil dans le cas où le vignoble serait grevé
de servitudes non apparentes qui n'auraient pas été déclarées lors du contrat, et qui sont de telle importance, que
le colon n'aurait pas consenti le bail, s'il en eût été
informé. Là, le contrat pourra prendre fin, si mieux
n'aime le colon de demander une indemnité.

SECTION VIII

DU BAIL A COMPLANT ET DU MÉTAYAGE

Le métayage, ou bail à colonat partiaire, est un contrat
par lequel le possesseur d'un héritage rural le remet pour
un certain temps à un preneur qui s'engage à le cultiver
sous la condition d'en partager les produits avec le bailleur. Il est régi maintenant par la loi de 1889, 18 juillet,
et c'est d'après cette loi que nous voudrions établir un
parallèle entre cette institution et notre bail à complant.

Ce qui nous frappe d'abord, c'est la définition donnée
par la loi et sur laquelle on pourrait facilement greffer un
bail à complant en disant, qu'un bail à complant est un
contrat par lequel le possesseur d'une vigne la remet pour
un certain temps à un preneur qui s'engage à la cultiver
sous la condition d'en partager les fruits avec le bailleur,
nous avons vu en effet que dans le bail à complant, la
durée est généralement sinon perpétuelle du moins fort

longue, puisqu'elle dure tant que dure la vigne, mais cette perpétuité n'est pas de son essence, surtout maintenant que l'on ne peut plus faire de baux perpétuels, et rien n'empêche donc de voir un bail à complant avec une durée limitée comme un bail à colonat partiaire; puis, s'il arrive le plus souvent que dans le métayage, le partage de fruits se fasse ordinairement par moitié, nous trouvons bien facilement des cas, où le preneur prélève les deux tiers de la récolte, laissant l'autre tiers au propriétaire; ce qui veut dire que le partage par moitié n'est pas de l'essence du métayage, c'est ce qu'exprime la loi de 1889 dans son art. 2 : « les fruits et produits se partagent par moitié s'il n'y a stipulation contraire ». La définition alors cadre donc parfaitement avec celle d'un bail à complant, et nous ne serons pas surpris alors, si dans le mécanisme des deux contrats on trouve des rapprochements nombreux.

Du côté du bailleur, nous voyons dans les deux contrats un propriétaire concéder une quantité de terrain à charge pour le colon de le cultiver; il est vrai que dans le bail à complant cette culture est spéciale, puisqu'elle ne porte que sur la vigne, mais le principe au moins est le même; une concession de terrain à charge de culture; là, alors viennent quelques dissidences, mais tiennent-elles à la nature du contrat? la plupart du temps en effet dans le métayage, le bailleur participe aux dépenses de la culture, le métayer apporte son industrie, son travail, le propriétaire, lui, apporte ses capitaux, et s'il est d'usage que les deux parties concourreront pour moitié dans les

frais de production, achat d'engrais et d'ustensiles perfec-
tionnés, il se peut aussi que le propriétaire supporte dans
ces différentes dépenses une charge plus lourde que le
colon; on a même vu, dans les commencements où l'on
a employé dans la culture l'emploi des engrais chimiques,
des propriétaires supporter à eux seuls les premières
dépenses d'acquisition; or dans le bail à complant, le bailleur généralement ne fait aucuns déboursés, il donne le
terrain que le colon doit planter et cultiver, et c'est tout;
mais rien ne s'oppose à ce que lui aussi participe à toutes
les dépenses, nous trouvons des baux où les bailleurs sont
tenus de faire à leurs frais les premiers défonçages du
terrain, et où ils sont tenus de l'installation et de l'achat
du pressoir, puisque « le raisin sera pressé au pressoir
qu'ils fourniront », pourquoi alors ne reconnaîtrait-on
pas comme bail à complant, un bail où les deux parties
participeraient pour moitié dans les frais de l'exploitation,
soit pour l'achat des plants de vigne, soit pour l'achat des
fumiers et des engrais? il nous semble que même dans ce
cas, la nature du bail à complant serait respectée.

Dans les deux contrats aussi le bailleur supporte la
charge de l'impôt foncier et bien que les conventions
mettent parfois le payement de cet impôt à la charge des
colons dans les deux cas, c'est lui qui en demeure tenu, et
qui devra les acquitter dans le silence du contrat.

D'après l'art. 5 de la loi de 1889, le bailleur a dans le
métayage la surveillance des travaux et la direction générale de l'exploitation ». Ceci tient évidemment à ce que

dans ce contrat, le propriétaire est plus apte à cette direction que le colon, qui ne fait qu'apporter son travail à l'intérêt commun; c'est du reste cette clause que l'on rencontrait dans tous les baux avant la loi de 89, qui a fait dire que le métayer était considéré comme un ouvrier salarié (1); mais ceci tient également à cette autre raison que le propriétaire apporte non seulement son intelligence mais aussi ses capitaux (2), et qu'il est juste qu'il en dirige et surveille l'emploi. Dans notre bail à complant au contraire, nous ne trouvons rien de pareil, du moins dans les anciens baux; nous avons vu en effet que sauf pour la vendange, le preneur avait la libre disposition du vignoble et qu'il pouvait la cultiver selon son bon plaisir, en respectant toutefois les obligations auxquelles il était tenu; mais il est à remarquer, que depuis quelques années, où les bailleurs entrent pour une partie dans les frais de culture on trouve dans les baux des clauses de ce genre (3) « la volonté des bailleurs devra toujours prévaloir, ces derniers devant en réalité diriger la culture ».

Une différence marquante résulte toutefois, de l'art. 6 de la loi de 1889. D'après cet article, le contrat est résolu

(1) Thèse de Martin-Desboudets. — Paris 1897.

(2) Il est à remarquer en effet, que même si les deux parties concourent pour moitié, dans les frais de l'exploitation, la plupart du temps, ce sera le propriétaire qui fera les premières avances, le colon n'ayant pas de capitaux à sa disposition; ce dernier se libérera alors dans la suite, au moment du règlement de compte.

(3) Beucher. *Bail à complant en Maine-et-Loire*. Annexe XV.

par la mort du preneur, tandis que dans le bail à complant, le droit du preneur est transmissible à ses héritiers. Dans le métayage, l'art. 6 de la nouvelle loi, est venu trancher une controverse existant sur ce point; certains voulaient en effet appliquer purement et simplement l'art. 1872 du Code civil sur le louage, et d'après lequel ce contrat n'est résolu ni par la mort du bailleur, ni par celle du preneur; d'autres pensaient que la mort du métayer devait entraîner la résolution du contrat, parce que celui-ci leur semblait fait en considération de la personne et eu égard à son intelligence, à son travail et à son honnêteté; l'art. 6 de la loi de 1889 applique, quant au bailleur les règles du louage, et envisage le contrat fait *intuitu personnæ*, comme le contrat de société, par rapport au preneur. Cette différence tient probablement à la durée des deux contrats; dans le métayage en effet, le contrat n'est que temporaire, dans le bail à complant au contraire, il dure tant que dure la vigne, et est ramené en tout cas à 99 ans, durée bien plus longue que la vie d'un homme, et c'est pourquoi on permet au preneur de transmettre son droit à ses héritiers; puis même en admettant — ce qui existe du reste mais est bien peu répandu — que le bail à complant soit consenti à temps, il serait peut-être croyons-nous, injuste de ne pas permettre au colon de transmettre son droit à ses héritiers, car si dans le métayage, le colon peut jouir de son travail chaque année, il n'en n'est pas de même dans le bail à complant; la vigne en effet met plusieurs années à être

en plein rapport, et dans le cas où le colon viendrait à
mourir, avant que la vigne n'ait atteint ce résultat, ni lui,
ni ses héritiers ne pourraient retirer le produit de tant
de travaux, si on ne laissait les héritiers entrer en possession des droits de leur auteur. Remarquons du reste
qu'il n'est pas rare de voir des métayers, dont la famille
est dans le domaine depuis un temps immémorial, comme
on le voit pour les baux à complant; mais ceci résulte de
la volonté du bailleur, qui y trouve son avantage, puisque
son domaine se trouve placé entre les mains de personnes,
qui y sont nées, que leurs aïeux ont cultivé, et qui finis-
sent par considérer le bailleur non plus comme un maître
dont ils dépendent, mais comme un membre de leur
famille, se réjouissant des mêmes joies, et souffrant des
mêmes peines suivant que les années qui se succèdent
font germer de superbes récoltes, ou apportent des fléaux,
qui détruisent en un jour les plus solides espérances.

De même aussi que pour le bail à complant, le contrat
de métayage prend fin par la perte de la chose; tous deux
en effet relèvent du louage et on leur applique à chacun
les principes connus en cette matière.

Puis nous trouvons dans les baux à complant des
clauses ainsi conçues : « Les preneurs feront la vendange
à leurs frais et fourniront les instruments de vendange
sauf la barrique et le pressoir » « la moitié de la récolte
appartenant aux bailleurs sera transportée aux frais des
preneurs dans le cellier du bailleur » clauses que nous
retrouvons également dans les baux à métayage, il est en

effet d'usage constant, que c'est le métayer qui fait les dépenses de moissons, de fenaisons, et autres travaux nécessaires à l'enlèvement des récoltes ; c'est lui aussi qui conduit à la demeure du bailleur la part des grains ou autres produits, qui lui revient, tout comme le complanteur apporte au cellier du bailleur sa part dans la vendange.

Enfin, nous remarquerons aussi que tous les différends qui viendraient à naître dans les deux contrats seront tranchés par le juge de paix du canton.

Donc, sans dire que notre bail à complant et le bail à métayage sont absolument identiques, nous pouvons donc conclure que les deux contrats présentent entre eux de grandes analogies, tous les deux partent de la même cause, concession d'un terrain à charge pour le colon de le cultiver moyennant un partage de fruits, tous les deux ont à peu près le même mécanisme, et nous trouvons dans l'un et l'autre de ces baux des clauses absolument identiques ; nous relevons quelquefois des différences mais qui ne tiennent pas pour la plupart à la nature des deux contrats, sauf pour l'idée de société qu'on ne peut guère appliquer à notre bail à complant. Nous dirons aussi qu'ils ont les mêmes avantages, puisqu'ils permettent à un colon consciencieux et travailleur de s'attacher à une terre et de la cultiver, et maintenant que dans les baux à complant, nous voyons les bailleurs prendre part dans les déboursés que peuvent faire les colons, nous ajouterons aussi que tous les deux amènent un colon qui a peu de capitaux à faire fructifier son petit pécule, en collaboration avec le bailleur.

CHAPITRE VI

ETUDE DE LA LOI DU 8 MARS 1898

Section I. — Causes qui ont amené des contestations entre colons et propriétaires de la Loire-Inférieure. — Jugement du 4 décembre 1893. — Pétition des colons à la Chambre des députés.
Section II. — Historique de la loi du 8 mars 1898.
Section III. — Etude analytique de la loi du 8 mars 1898.

SECTION I

CAUSES QUI ONT AMENÉ DES CONTESTATIONS ENTRE COLONS ET PROPRIÉTAIRES DE LA LOIRE-INFÉRIEURE. — JUGEMENT DU 4 DÉCEMBRE 1893. — PÉTITION DES COLONS A LA CHAMBRE DES DÉPUTÉS.

Depuis le commencement du siècle, jusqu'à ces dernières années, propriétaires et colons de la Loire-Inférieure vivaient en fort bonne intelligence. Sans faire état en effet des exceptions qui ont pu se produire, et qui procédaient de cas absolument particuliers et isolés provenant alors de ce qu'un colon négligent ne cultivait pas sa vigne, ce qui amenait le propriétaire privé de sa part de récolte, à prendre des mesures de rigueur, les deux parties s'entendaient très bien, puisqu'ils avaient le même intérêt, celui de voir la vigne produire le plus possible ; mais les maladies qui assaillent la vigne depuis une vingtaine d'années, le mildew, le phylloxéra, vinrent bientôt jeter le désarroi dans les rapports des propriétaires et des colons ; on ne fut pas toujours d'accord sur les traitements à faire à la vigne et sur leur opportunité, puis quand la vigne vint à mourir, chacun voulut examiner la situation en droit et on commença à argumenter.

Du côté des propriétaires, on soutint que le colon ne jouissait des vignes à devoir qu'à titre de fermier, le quart de la récolte réservé par le propriétaire représentant le loyer de la terre, le prix du bail ; on soutint, que le contrat de prise de vigne n'était qu'un bail fait pour le temps que dure la vigne, que la vigne morte, le bail prenait fin art. (1722, C. c.) et que le colon n'avait qu'à s'en aller et à laisser le propriétaire jouir de son fonds, à moins qu'il ne s'entende avec celui-ci pour convenir de la replantation, et faire un nouveau bail.

Du côté des colons, qui craignaient de se voir évincer des vignes, dont ils jouissaient de père en fils depuis de longues années, dont certains avaient acheté cette jouissance à des prix très élevés, on protesta contre cette doctrine, et voici les arguments qui furent mis en avant. Les articles 1722 et 1741 du Code civil dit-on, ne peuvent trouver leur application en la matière, car il n'y a pas perte de la chose louée et voici pourquoi : dans le bail à complant l'objet du contrat n'est pas, comme en matière de bail à ferme ordinaire, un terrain planté en vigne dont la jouissance aurait été concédée au preneur, mais un terrain nu que le complantaire s'engage à planter en vignes. La destruction de ces vignes par le phylloxéra ne peut pas être assimilée à la perte totale, prévue par l'article 1722 du Code civil, puisque la substance même de l'objet du contrat, c'est-à-dire le terrain cédé au complantaire à la charge d'un certain mode de jouissance subsiste dans son intégralité. Il n'y a donc pas une perte totale de la chose louée au sens de l'article 1722, mais seulement un obstacle apporté par cas fortuit au mode de jouissance prévu par le contrat, et s'appuyant sur une opinion de MM. Aubry et Rau qui disent « qu'un cas fortuit ou de force majeure qui sans entraîner la perte de la chose louée, en empêcherait d'une manière absolue l'usage et la jouissance, constituerait une cause de résolution ou de suspension du bail selon que l'obstacle serait perpétuel ou qu'il ne serait que temporaire (1) » on conclut que la résolution du contrat ne peut avoir lieu *ipso facto*, par l'arrivée du phyloxera; il faut voir avant de prononcer cette résolution, si le mode de culture en vigne est encore possible ou si la destruction des vignes par le phylloxera

______

(1) Aubry et Rau. Tome IV, p. 495, § 369, et note 4.

apporte un obstacle absolu pour l'avenir au mode de jouissance prévu par le contrat (1).

De ceci il ressort donc, que puisque les colons soutenaient, que dans la destruction de la vigne par cas fortuit l'article 1722 du Code civil était inapplicable, c'est que ce fléau n'apportait pas pour l'avenir au mode de jouissance prévu par le contrat un obstacle absolu ; pourtant d'après l'étude que nous avons faite du bail à complant non-translatif de propriété de la Loire-Inférieure, nous avons vu, que le colon, qui a reçu le terrain à planter en vigne, pour en jouir ensuite, ou le terrain déjà planté en vigne, pour exercer sa jouissance sur cette vigne existante, ne l'a reçu que pour la durée de la vigne, et non pour la replanter une seconde fois en cas de destruction, puisque cette faculté de replanter ne lui est pas accordée. [C'est donc qu'une fois la vigne détruite, il y a obstacle absolu à la jouissance du colon ; mais nous irons plus loin et nous dirons qu'en plus, il y a bien perte de la chose louée ; la destruction en effet ne porte pas seulement sur les plants phylloxérés, mais sur la chose productive elle-même ; et on doit considérer comme une chose périe un vignoble détruit par le phylloxera (2) ; c'est un point qui a été jugé en ce sens plusieurs fois déjà, dans le cas de bail à ferme de vignoble et nous savons d'après l'avis de thermidor

(1) Note de M. Surville, sous arrêt de la cour de Poitiers. 19 F. 1894. S. 94. 2. 281.

(2) Cass. 11 février 1896. D. 93. 1.239.

an VIII, que l'on doit considérer les baux à complant comme des baux à ferme ordinaires, sauf la durée. La prétention des colons était donc insoutenable, et la jurisprudence n'admit pas leurs arguments puisque nous trouvons dans un arrêt de la Cour de Poitiers le passage suivant (3) « Attendu que tout contrat commutatif suppose outre le consentement des parties, une cause et un objet qui parfois peuvent se confondre ; qu'il est de toute évidence que, si la cause vient à cesser ou l'objet à périr, le contrat ne saurait plus subsister ; attendu que l'intimé a toujours reconnu que la parcelle à lui affermée comprenait uniquement des vignes, dont le produit faisait l'objet même de la location ; attendu qu'il est constant, que les vignes ont complètement péri par le phylloxera et qu'elles ont été arrachées. Attendu que leur destruction portant sur la chose louée elle-même, puisque c'est la substance qui a été anéantie, le bail doit cesser *ipso facto*, et que sa cessation entraîne la restitution de la terre à celui qui ne l'avait donnée qu'à complant ».

Battus sur ce terrain, les colons ne se découragèrent pas, des syndicats ayant été organisés, des conférences furent faites dans les communes intéressées, on discuta à nouveau la question et les colons se mirent à soutenir que le contrat de bail à complant avait créé entre le propriétaire et le colon une association d'intérêts ; que les frais de culture à leur charge représentaient la part de fruits

(3) Arrêt de la cour de Poitiers. S. 94. 2.201.

qu'ils touchaient en plus du propriétaire, et qu'en fait ils
étaient associés par moitié ; que par suite la perte de la
vigne devait être supportée par moitié entre le colon et le
propriétaire ; quelques-uns soutinrent même, que le fonds
appartenait par moitié au propriétaire et au colon et
émirent l'idée de partager les terrains par moitié. Dans
cet état des faits un colon, M. Bonneau ayant arraché une
vigne morte afin de procéder à sa replantation, son propriétaire l'assigna devant le tribunal civil de Nantes pour
voir prononcer la résiliation de son bail ; comme c'était
porter devant la justice les prétentions respectives des
propriétaires et des colons, M. Millerand avocat et député,
vint soutenir devant le tribunal de Nantes la thèse de ces
derniers. Le jugement fut rendu le 4 décembre 1893 et
donna tort aux revendications des colons. Ce jugement
que nous devons considérer désormais comme un jugement
de principe est ainsi conçu (1) :

« Le tribunal,

« Attendu que le sieur de la Cantrie demande la résiliation du bail à complant en vertu duquel le sieur Bonneau exploite la parcelle de vigne n° 187 du plan parcel-
laire de la propriété du Breil, d'une contenance de 3 ares,
96 centiares;

« Que les parties s'accordent à reconnaître que la vigne
ayant été détruite par le phylloxera, Bonneau en arracha,

----

(1) Rapport de M. Aug. Delalande sur les vignes à complant,
p. 11 et 10.

en février 1889, les souches devenues absolument impro-
ductives et après une récolte de pommes de terre faite en
1890, procéda à la replantation en janvier 1892 ;

« Que la moitié de la parcelle était déjà replantée, lorsque
le sieur de la Cantrie fit défense de continuer l'opération ;

« Qu'il a été dit en plaidant, que Bonneau avait agi
avec l'autorisation du demandeur, mais qu'aucune offre
de preuve n'a été faite, ni aucunes conclusions prises sur
ce point ;

« Attendu que les faits étant constants, il reste à en
rechercher les conséquences juridiques ;

« Attendu que les parties ne produisent pas le titre
initial ;

« Qu'il y a donc lieu de faire à la cause l'application
des principes généraux de la matière ;

« Attendu que le bail à complant est un contrat d'une
nature particulière, spécial au Comté nantais, en vertu
duquel le bailleur cède au colon une superficie de terrain
ou de vigne, à la charge de le planter en vigne, ou d'en
continuer la culture s'il est déjà planté, à certaines conditions d'exploitation et aux attributions au colon de la
moitié, des deux tiers, ou des trois quarts de la récolte en
raisin, d'où la vigne est dite à devoir de la moitié, du
tiers ou du quart qui forment la part du bailleur dans la
récolte ;

« Attendu qu'un avis du Conseil d'État du 2 thermidor
an VIII, dûment approuvé par le gouvernement, a législativement fixé la nature de ce contrat, en constatant, d'après

les titres et usages anciens, que le bail à complant ne
transfère au preneur aucun droit sur la propriété des biens
concédés, et en déclarant la redevance non rachetable, ce
qui le différencie essentiellement du complant translatif de
propriété et rachetable des départements voisins ;

« Qu'à raison de ce, entre autres faits caractéristiques
du droit, on peut rappeler que le bailleur a toujours
acquitté seul l'impôt foncier, comme il acquittait jadis les
droits seigneuriaux ;

« Qu'il entretient seul les chemins d'exploitation, qu'il
a seul le droit d'hypothéquer, qu'il jouit seul des arbres
et des haies complantés sur le terrain autres que les ceps
de vigne, unique objet de la jouissance du colon ; et que
le droit du colon a toujours été considéré comme mobilier ;

« Qu'on ne saurait donc soutenir que le colon ait un
droit quelconque de propriété sur le sol, et qu'il n'y a
aucune distinction à faire ici entre le domaine éminent et
le domaine utile ;

« Attendu que la durée de ce bail n'est pas déterminée
et que la doctrine et la jurisprudence sont d'accord pour
décider qu'il est censé fait pour tout le temps que dure la
vigne (Poulain-Duparc et autorités citées dans Sibille,
usages locaux ; nombreux jugements du tribunal civil de
Nantes, præsertim 16 juillet 1846, 2 mars 1892 et 20 mars
1893) ;

« Que c'est là dit l'auteur des usages locaux (page 302)
un principe incontesté » ;

« Qu'ainsi le droit du colon prend fin avec la vigne qui en est l'objet, par application de l'article 1741 du Code civil, à raison de la perte de la chose baillée, soit que la vigne ait péri en entier, soit que, par vétusté, elle ne soit plus susceptible de produire, soit qu'elle ait été arrachée par le colon pour y substituer une autre culture, et lors même que le colon aurait remplacé le vieux plant par un nouveau, comme le dit un jugement du Tribunal civil de Nantes du 19 déc. 1853 (Sibille, p. 306);

« Attendu qu'on invoque à tort contre ces principes un jugement du Tribunal de céans du 18 déc. 1817, comme ayant décidé que dans le cas de destruction d'une vigne à la suite d'une guerre civile, il n'y avait pas eu résiliation du contrat, ce qui permettrait de soutenir que le contrat n'est pas résolu, au cas de destruction par cas fortuit;

« Qu'en se reportant à cette décision, on voit qu'il s'agissait d'une demande en payement de fermages et en dommages-intérêts, et non d'une demande en résiliation de bail, et que le Tribunal n'a alors, ni examiné, ni résolu, la question de résiliation qui n'était pas posée;

« Attendu que les considérations d'équité tirées de l'intérêt qu'inspirent à juste titre les colons, de leur longue jouissance et de la précocité d'un droit qu'un cas fortuit peut détruire, sans qu'il y ait faute de leur part, ne sauraient prévaloir contre les principes du droit en matière de louage;

« Que les conventions font la loi des parties, et qu'en

contractant un bail à complant, les colons l'ont accepté avec ses conséquences et ses éventualités ;

« Attendu d'ailleurs que la résolution du contrat par la perte de la chose baillée ne blesse peut-être pas l'équité autant qu'il semble au premier abord ;

« Que la répartition du produit dans la proportion de la moitié, des deux tiers, et même des trois quarts, au profit du colon, tandis que le propriétaire qui a la charge de l'impôt ne reçoit que la moitié, le tiers, le quart peut être considéré comme étant à la fois la rémunération du travail et l'équivalent du risque couru ;

« Qu'enfin il dépendra presque toujours du colon, par les bons soins qu'il donnera à la vigne, d'éviter la destruction totale et, par conséquent la résiliation du bail ;

« Et attendu que nul ne peut s'enrichir aux dépens d'autrui ;

« Qu'en fait, une partie de la parcelle a été replantée en vigne par le sieur Bonneau ;

« Que c'est donc le cas, conformément à l'usage signalé par le commentateur précité (V. Sibille, p. 307) d'obliger le propriétaire à rembourser au colon la valeur du nouveau plant ;

« Attendu qu'il n'est pas dû de dommages-intérêts pour privation de récoltes depuis la destruction de la vigne par le phylloxera, ce qui constitue un cas fortuit, comme l'a décidé la Cour d'Aix le 17 mai 1875 et qu'il y a lieu d'appliquer la doctrine du jugement précité du 18 décembre 1817 ;

« Attendu que la récolte de pommes de terre faite par Bonneau ne lui a procuré qu'un bénéfice insignifiant, et que vu le silence gardé par le propriétaire jusqu'en 1892, il n'y a pas lieu d'en faire état au procès ;

« Par ces motifs,

« Jugeant en matière ordinaire et en premier ressort ;

« Ouï les avoués et avocats des parties dans leurs conclusions et plaidoiries, Mᵉ Delambre, substitut du Procureur de la République dans ses conclusions ;

« Vidant le délibéré prononcé à une précédente audience ;

« Déclare résilié le bail à complant en vertu duquel le sieur Bonneau exploitait la parcelle de vigne de la propriété du Bail appartenant au demandeur ;

« Dit et juge en conséquence, que le sieur de la Cantrie rentrera dans la libre possession et jouissance de sa propriété à partir de ce jour ;

« Dit n'y avoir lieu à restitution de fruits ni à dommages et intérêts ;

« Déboute le demandeur de ses conclusions tendant à l'enlèvement des plantations indûment faites par Bonneau ;

« Dit et juge au contraire que le sieur de la Cantrie est tenu de rembourser au sieur Bonneau la valeur du nouveau plant et de la plus-value que le nouvel œuvre a donné à la parcelle ruinée par le phylloxera ;

« Dit que, faute par les parties de régler à l'amiable ou par experts, convenus dans les deux mois, l'indemnité duc, il sera, aux diligences de l'une ou de l'autre des parties, procédé à son évaluation par le sieur Gruget, ancien notaire, expert commis à cet effet par le Tribunal, serment préalablement prêté aux mains du Président du siège qui est autorisé à le remplacer sur simple requête en cas d'empêchement;

« Donne mission à l'expert de concilier les parties;

« Ordonne qu'à défaut de conciliation, il déposera au greffe le rapport de ses opérations pour être par les parties conclu et par le Tribunal statué ce qu'il appartiendra;

« Condamne le sieur Bonneau aux dépens. »

Le syndicat des colons fut donc battu devant le pouvoir judiciaire; ils adressèrent alors une pétition à la Chambre des députés; nous ne citerons pas *in extenso* le texte de cette pétition; les colons, du reste, reprenaient leurs arguments qui nous sont connus et demandèrent :

1° L'abrogation de l'avis du Conseil d'État du 4 thermidor an VIII;

2° La déclaration que les colons ne pourront pas être dépossédés de leurs droits, pour une cause ne provenant pas de leur fait;

3° La reconnaissance, que les vignes à complant sont translatives de propriété aussi bien pour les colons que pour les propriétaires.

Voilà donc quel était l'état de la question quand l'affaire fut portée devant le pouvoir législatif.

SECTION II

HISTORIQUE DE LA LOI DU 8 MARS 1898.

Après cette pétition adressée à la chambre des députés, la huitième commission décida de renvoyer l'affaire, pour examen, à M. le Ministre de l'Agriculture, M. Gadaud : celui-ci transmit cette pétition des colons à M. le Préfet de la Loire-Inférieure et l'avertit le 29 mars 1895, par dépêche, qu'il devrait faire procéder par une commission spéciale, à une enquête sur les faits mentionnés dans la demande des colons, et sur les moyens de concilier les intérêts généraux de l'agriculture avec les intérêts personnels de chacune des parties en cause. La Commission fut alors aussitôt constituée. Elle se composait de 33 membres ayant pour président M. Gautté, conseiller général et comme rapporteur M. Augustin Delalande, ancien avoué, juge suppléant au Tribunal civil de Nantes. M. le Préfet avait nommé 23 membres sur sa seule initiative, les syndicats en avaient désigné 10 autres, et deux avaient été pris à titre consultatif : c'étaient MM. Arnault, professeur départemental d'Agriculture, et Fontaine, délégué départemental au service du phylloxera.

Le 31 mai 1895 cette commission se réunit pour la première fois, et le Président proposa d'étudier les six questions suivantes après avoir lu la pétition que les colons avaient adressée à la chambre des députés.

1º Quelle est l'importance de la question? Combien y a-t-il de vignes franches? Combien de vignes à complant?

2º Convient-il d'abroger l'avis du Conseil d'État du 2 thermidor an VIII? De déclarer que le bail à complant est translatif de propriété?

3º Cette abrogation et cette déclaration doivent-elles avoir un effet rétroactif et s'appliquer aux baux existants? Ne doit-elle au contraire, si elle est admise, n'avoir d'effet que pour les baux futurs?

4º En admettant que le bail à complant est un bail, serait-il utile de décider, que contrairement à l'article 1722 du Code civil, la destruction de la vigne par un fait indépendant de la volonté du colon, n'entraînerait pas la résolution du bail? Cette décision devrait-elle avoir un effet rétroactif?

5º Quels sont les moyens pratiques susceptibles de concilier l'intérêt des colons et celui des propriétaires?

6º Ces moyens doivent-ils être conseillés aux parties? Convient-il de les leur imposer par une disposition législative?

Nous n'entrerons pas dans tous les détails de la discussion, soulevée par les différents membres de cette commission, nous parlerons simplement des conclusions que la majorité a pu tirer des différentes questions à étudier.

Sur le premier point: Quelle est l'importance de la question? la commission émit l'avis suivant:

Que la question des vignes à complant est importante pour les colons ; car ceux-ci sont exposés à perdre totalement leurs complants ; qu'ils doivent être considérés comme ayant tous une perte à subir ; qu'une perte est toujours chose importante et qu'elle l'est même d'autant plus qu'on possède moins.

Qu'elle est tout aussi importante pour les propriétaires ; qu'encore bien que ceux-ci ne soient pas exposés à tout perdre et conservent leurs fonds, ils sont néanmoins appelés à perdre chacun autant, sinon plus, que tous leurs colons ensemble ; que par ailleurs bon nombre de vignes à recevoir sont aux mains de petits propriétaires, cultivateurs ou anciens artisans ayant des ressources limitées, et pour lesquels cette perte peut devenir une ruine.

Que l'importance de la question n'est pas la même pour les différentes communes intéressées, et que la proportion entre la superficie de la commune, et le nombre d'hectares planté en vignes à complant peut servir à mesurer cette importance.

Que presque toujours les colons des vignes à complant ont en même temps des vignes franches, des terres, des prés, dont ils jouissent soit comme propriétaires, soit comme fermiers, et que les vignes à devoirs ne sont, par suite, entre leurs mains qu'un élément de leur avoir et de leurs ressources.

Que les chiffres indiqués au nom des colons sont certainement exagérés, et que la perte à subir devant se répartir entre tous les colons qui sont nombreux, la perte pour chacun est loin d'arriver à un chiffre approchant même de ceux indiqués dans leur intérêt (1).

Sur les questions de savoir si, comme le demandaient les colons, il convenait d'abroger l'avis du Conseil d'Etat du 4 thermidor an VIII, et si le bail à complant est ou n'est pas translatif de propriété, la commission à la grande majorité de ses membres décida, comme l'avait fait avant elle l'autorité judiciaire par le jugement de 4 décembre 1893 et en reprenant à peu près les mêmes arguments, que jamais le preneur à complant n'a rendu aveu au seigneur, qu'il n'a jamais été imposé au rôle des contributions foncières, etc...., qu'il n'a jamais enfin été considéré comme propriétaire, qu'il n'y avait pas lieu à cette abrogation et qu'on ne pouvait considérer le bail à complant comme translatif de propriété.

Quant à la question de savoir si le bail à complant doit prendre fin quand la vigne meurt par cas fortuit ou force majeure, la commission repoussa également la prétention des colons et conclut que puisque les colons n'ont acquis sur les fonds aucun droit de propriété, qu'ils ne sont pas co-propriétaires, mais des fermiers et simplement des fermiers, que leur bail prend fin avec l'existence de la vigne, qu'ils peuvent même être expulsés s'ils négligent de façonner la vigne en temps et saison ; que le contrat

______

(1) Rapport de M. Aug. Delalande, p. 99 et 100. On admettait que le nombre d'hectares cultivés à complant était de 3.500 à 4.000 ; les colons prétendaient qu'il y en avait 11.000 cultivés de cette façon.

qui les lie au propriétaire n'est autre qu'un bail ordinaire, on doit appliquer l'article 1722; que le parlement pourrait, il est vrai, consacrer une exception et décider que l'article 1722, ne s'appliquera pas; mais en vertu du principe de la non-rétroactivité des lois, à quoi cela servirait-il, la loi n'aurait d'effet que pour l'avenir, et ce qui importe le plus maintenant c'est de régler les rapports actuellement existants de par les baux antérieurs. Que donc, il est inutile de recourir au législateur pour trancher la difficulté, et que la seule solution à donner à la question est d'inviter les intéressés à se rapprocher, à trouver un terrain d'entente, et à propager les idées de conciliation et de concession réciproques, et c'est pour cette raison que la commission étudia les moyens pratiques susceptibles de concilier les parties, en étant d'avis qu'il n'était aucunement besoin de recourir au législateur pour arriver à ce résultat. Et voici quels étaient les moyens pratiques que l'on proposait :

Quelques-uns étant d'avis que la seule solution équitable consisterait dans la replantation du vignoble détruit, estimaient que le propriétaire devrait autoriser le colon à replanter, et de la manière suivante :

1º Après avoir arraché la vigne avec le consentement du propriétaire, le colon passera avec lui un traité par lequel il s'engage à cultiver les parcelles arrachées comme terre labourable, en bon père de famille pendant quatre ans.

2° A payer pendant ce temps un prix de ferme annuel
de......... payable le 23 avril de chaque année.

3° A replanter les parcelles en vigne dans le mois de mai
qui suivra la fin du bail, en tel plant qu'il plaira au propriétaire de désigner, et de se conformer entièrement aux
indications de celui-ci pour le mode de plantation.

4° Si le colon n'acquitte pas chaque année le 23 avril, le
prix de ferme stipulé, ou s'il refuse de planter à l'époque
ci-dessus fixée et suivant les indications du propriétaire,
il perdra son droit de colonage sur les parcelles, dont le
propriétaire pourra disposer de plein droit.

5° A partir du jour de la replantation en vigne, le colon,
n'aura plus à payer le prix de ferme, il cultivera comme
par le passé la dite vigne et en payera le quart des fruits
rendu au pressoir du bailleur, ainsi que le droit de chapon (1).

C'est là le type de quelques traités intervenus entre les
parties à la suite de la destruction du vignoble.

D'autres voulaient que la commission donnât quelques
indications pour la constitution des vignobles, et en cas
de non entente entre propriétaires et colons, ou quand la
nature du sol empêchera la replantation, il y aura lieu à
une indemnité en argent fixée par un jury spécial.

On propose aussi de donner au colon qui ne veut pas

(1) Analyse d'un traité de cette nature entre un des membres de
la Commission, M. de Boisguéhenneuc et son colon. Rapport de
M. Delalande, p. 63.

replanter, une indemnité calculée à raison de 200 francs l'hectare et comme il emporterait les souches qui valent à peu près cette somme, il retirerait de son droit de complant une valeur de 400 francs par hectare ; et pour celui qui demandait la replantation, on appliquerait les mêmes principes que dans la première opinion, mais on abandonnerait une année de jouissance de la terre au colon pour venir en aide à ce dernier.

Il est à peine besoin de remarquer que ces trois sortes de moyens pratiques étaient proposés par ceux des membres de la commission qui n'appartenaient pas au syndicat des colons. Ceux-ci demandaient que la replantation soit payée, moitié par les propriétaires, moitié par les colons, vu le cas de force majeure et à raison de l'égalité de leurs droits, partant toujours de l'idée de copropriété qui existe, selon eux, entre les deux parties, et voulaient que cette solution soit sanctionnée par décision législative.

Mais pas plus sur cette question que sur les autres les colons n'eurent gain de cause, et, comme nous l'avons vu la commission décida qu'on n'aurait pas recours au parlement pour trancher les difficultés existantes, et qu'on suivrait l'exemple des propriétaires qui avaient commencé l'entente avec leurs colons. Tel était tout au moins le vœu exprimé par la commission.

Malgré les conclusions formulées par la majorité des membres de cette commission, l'autorité législative fut saisie, et le 27 octobre 1896 en session extraordinaire, M. Méline, ministre de l'agriculture et président du Conseil, déposa un projet de loi ainsi conçu (1) :

« Art. I. — Quand, par suite de l'invasion du phylloxéra, une vigne à complant aura été détruite, le colon de cette vigne aura le droit de la reconstituer.

« Art. II. — La reconstitution devra être achevée dans un délai qui ne pourra pas dépasser cinq ans, comptés à partir du 1er avril de l'année pendant laquelle la moitié des ceps de la vigne se trouveront détruits.

« Pendant ces cinq ans, le colon fera les cultures préparatoires, défoncements et autres opérations nécessaires pour assurer la réussite de la reconstitution.

« Art. III. — Si le colon d'une vigne à complant qui se trouve dans les conditions indiquées à l'article 3 ne peut ou ne veut pas la reconstitution, il a le pouvoir de disposer de ses droits en faveur d'un tiers, qui se substituera à lui, sans que le délai fixé par l'article 2 pour la reconstitution de la dite vigne puisse être dépassé.

« Art. IV. — Un décret rendu en forme des règlements d'administration publique statuera sur toutes les mesures à prendre pour assurer l'exécution de la présente loi. »

La commission de la chambre étudia ce projet avec le plus grand soin, elle entendit les représentants des propriétaires et des colons, et modifia le texte primitif,

---

(1) Ann. de la Ch. des députés, no 2065. *J. Officiel*. Séance du 27 octobre 1896.

M. Gellibert des Seguins, le 12 mars 1897 déposa son rapport d'où nous extrayons le nouveau projet (1).

« Art. I. — Quand par suite de l'invasion du phylloxéra, une vigne à complant est détruite, le colon de cette vigne a le droit de la reconstituer sans que le caractère du bail à complant en soit modifié.

« Est considérée comme détruite par le phylloxéra toute vigne dont la moitié des ceps au moins est atteinte par le phylloxéra et est devenue improductive.

« Art. II. — Un délai de trois ans est accordé pour la reconstitution de la vigne à partir du 1er septembre de l'année où la vigne a été détruite par le phylloxéra.

« Est considérée comme reconstituée, la vigne dans laquelle la replantation et le greffage des plants sont exécutés.

« Dans le cas où, au cours de la période de reconstitution, le colon ferait des cultures destinées à amender le sol, il devra donner au propriétaire une redevance annuelle calculée à raison de 50 francs par hectare.

« La reconstitution sera faite en plants américains greffés sur les cépages choisis d'un commun accord par le propriétaire et le complanteur.

« En cas de désaccord, le greffage aura lieu sur le cépage de l'ancien vignoble.

« Art. III. § 1er. — Toutes les fois que le colon d'une

____

(1) Ann. de la Ch. des Dép., n° 2337. *J. Off.*, séance du 12 mars 1897.

vigne à complant qui se trouve dans les conditions prévues
par l'article 1er ne pourra ou ne voudra la reconstituer,
il aura la faculté de céder son droit à un tiers.

« § 2. — Si ce tiers n'est ni l'ascendant ni le descendant du complanteur, le propriétaire du sol peut, à prix
égal, user du droit de préemption.

« § 3. — Le colon qui veut céder son droit à un tiers,
doit notifier au propriétaire du sol le nom de ce tiers et
le prix de la cession.

« § 4. — Le propriétaire a deux mois pour notifier sa
réponse.

« § 5. — Passé ce délai, il sera considéré comme ayant
renoncé à son droit de préemption.

« Après la reconstitution du vignoble, le complanteur
qui voudra céder son droit à un tiers sera tenu aux mêmes
obligations prévues aux paragraphes 2 et 3 du présent
article. »

Puis voyant que la solution se faisait beaucoup attendre
puisque la loi était toujours à l'état de projet, le Conseil
général de la Loire-Inférieure émit le vœu dans sa séance
du 16 août 1897 « qu'à la rentrée du Parlement, la Chambre des députés mette en tête de son ordre du jour la
discussion du projet et adopte la loi dont la teneur suit » ;
c'était le texte même du projet que nous venons de transcrire. Le Comice agricole central de la Loire-Inférieure
en fit autant, et le 12 novembre 1897, la Chambre vota
sans discussion le deuxième projet élaboré par la Commission.

Ce projet fut déposé sur le bureau du Sénat le 3 décembre 1897, et adopté le 15 avril 1898 sur le rapport de M. Lecour-Grandmaison (1). La promulgation eut lieu le 8 mars 1898 (*Journal Officiel* du 11 mars) (2).

SECTION III

ÉTUDE ANALYTIQUE DE LA LOI DU 8 MARS 1898

Art. I. — Quand par suite de l'invasion du phylloxera, une vigne à complant est détruite, le colon de cette vigne a le droit de la reconstituer, sans que le caractère du bail à complant en soit modifié.

Si l'on compare cet article 1er avec l'article correspondant du projet du gouvernement, l'on voit que cette phrase « sans que le caractère du bail à complant en soit modifié » a été ajoutée, et M. Gellibert des Seguins dans son rapport nous dit pourquoi : la Commission a voulu entendre par là que le colon comme autrefois n'a

____

(1) Ann. 23. Session ord. 98. Séance du 28 janvier 1898. Sénat. — Rapport de M. Lecour-Grandmaison.

(2) Tout ce qu'il y eut de changé dans la loi par rapport au premier projet c'est le délai accordé au colon pour replanter, qui de 3 ans est porté à quatre, et l'indemnité qui est de 35 francs au lieu de 50 francs par hectare. Rapport supplémentaire, par M. Gellibert des Seguins Ann. n° 2630, Ch. des Députés. Séance du 8 juillet 1897.

droit que sur les fruits de la vigne ; on n'entend pas
innover dans nos lois disait également le rapporteur du
Sénat, on veut simplement remédier à une situation
particulière créée par un cas de force majeure et combler
une lacune dans une question d'usage local. On pourrait
se demander d'abord s'il était bien utile de recourir au
législateur pour arriver à ce résultat, et si en y recourant,
la nouvelle loi, quoique bien intentionnée, est bien justi-
fiable en droit. Nous nous rappelons que la Commission
nommée par M. le Ministre de l'Agriculture à seule fin
d'étudier la question, avait décidé qu'il n'était nullement
besoin de recourir au législateur pour arriver à une
entente entre colons et propriétaires, elle avait proposé
certains moyens pratiques, qui, reconnaissons-le, ont été
à peu près suivis dans la rédaction de la loi nouvelle,
mais qui auraient pu être appliqués sans que l'autorité
législative intervînt, et qui n'auraient pas été contre les
principes de notre législation relatifs à la rétroactivité des
lois. Ces moyens proposés, en effet, étaient avantageux
et pour les propriétaires et pour les colons, il suffisait
simplement de conclure un nouveau bail après la destruction de la vigne, et la situation nouvelle entre les
parties contractantes, aurait été régie et réglementée par
les anciens usages tout comme le contrat qui venait de
prendre fin ; mais agir ainsi, disait M. Méline en déposant
son projet à la Chambre des députés, c'eut été abandonner
les colons à la générosité des propriétaires, ce qui était
insuffisant dans la situation présente ; il est certain que

les colons étaient dignes de pitié, et leur situation intéressante, mais du côté des propriétaires, est-ce que la
situation n'était pas aussi à prendre en considération, et
la question des vignes à complant tout aussi importante pour eux que pour leurs colons; il n'y avait donc
pas abandon du sort des colons à la générosité des propriétaires en agissant ainsi, car il n'y avait aucune raison
pour que ces derniers, très éprouvés eux-mêmes, ne
consentent à contracter de nouveaux baux avec leurs
anciens colons; on a perdu de vue, que bon nombre de
vignes à recevoir sont aux mains de petits propriétaires,
pour lesquels la perte de la vigne peut entraîner la ruine,
et dont le sort était tout aussi intéressant que celui des
colons. Donc, on aurait pu en se rapportant aux travaux
de la Commission, éviter de recourir au législateur;
voyons maintenant, ce à quoi l'on est arrivé après le
vote de la loi.

Tout en ayant soin de nous avertir que la nouvelle loi
n'entend pas modifier le caractère du bail à complant, on
peut dire que le législateur, en permettant au colon de
replanter, après la destruction du vignoble par le phylloxéra, a changé en fait les conséquences du bail à complant et lui en fait produire de nouvelles, que les anciens baux
ne connaissaient point; et nous irons plus loin en disant
que même par cet article, et par la faculté qu'il reconnaît
désormais au colon, la nature des droits de ce dernier
n'ont plus le même caractère qu'autrefois. Nous avons
vu en effet en étudiant la durée du bail à complant,

qu'elle était limitée à la durée de la vigne, et que la vigne une fois détruite, le bail à complant prenait fin ; depuis la loi de 1898, même après cette destruction, le contrat continue, et le colon qui autrefois n'avait pas le droit de replanter, quand la perte du vignoble arrivait, se voit maintenant conférer ce droit. Donc, et dans sa nature, et dans les conséquences qu'elle entraînait, le bail à complant a complètement changé d'aspect ; c'est un coup droit porté et aux conventions que les propriétaires et colons ont librement consenties, et aux usages locaux qui ont réglementé leurs rapports depuis des siècles.

Donc sans nous demander si le législateur a bien fait d'intervenir, et si son intervention a été efficace, il est un fait certain dès à présent, la nouvelle loi change la nature de notre contrat ; voyons maintenant quelles sont les raisons invoquées.

M. Lecour-Grandmaison tout en nous disant que le but de la loi n'est pas de créer un contrat nouveau, nous dit que « cette loi a été votée pour empêcher l'application d'une jurisprudence dont la rigueur constituerait une injustice et une spoliation ». Remarquons que cette jurisprudence dont le législateur ne veut pas faire l'application découle des jugements que nous avons cités plus haut, parmi lesquels, celui du 4 déc. 1893, ce fameux jugement de principe, qui considérait notre bail à complant comme un bail ordinaire, et qui lui appliquait l'article 1722 du Code civil en cas de perte de la chose louée ; c'est donc dans cette application pure et simple de notre législation qu'il y a injustice et spoliation. Pourtant nous avons vu ce qu'il fallait penser d'une telle opinion ; à l'appui de notre affirmation, que l'article 1722 du Code civil était dans notre cas, applicable, nous avons rapporté des documents de la jurisprudence qui faisaient, que, dans un bail à ferme portant sur des vignes, la destruction par le phylloxéra amenait la résiliation du bail, pourquoi donc n'en serait-il pas de même pour le bail à complant? puisqu'il est admis que ce contrat doit être considéré comme un bail à ferme ordinaire sauf la durée. Alors pourquoi y a-t-il injustice et spoliation à résilier le bail quand la vigne est détruite par le phylloxera? M. Lecour-Grandmaison nous dit encore que les contractants n'ont pu prévoir la destruction des vignobles par l'invasion de cette maladie, et que le législateur fait bien d'intervenir pour empêcher dans ce cas la résiliation du contrat; c'est donc, pour la raison que le phylloxéra n'a pu être prévu, que, contrairement à ce qui se passait autrefois, on change la nature du bail à complant? cette théorie nous semble insoutenable; est-ce que les parties peuvent prévoir tous les cas fortuits qui peuvent se produire, et qui en se réalisant mettront fin au contrat; s'il était prévu d'abord, ce ne serait pas un cas fortuit, et comme il nous semble impossible de ne pas appliquer l'article 1722 du Code civil, nous ne pouvons distinguer selon les diverses causes d'accidents, l'article ne parle que de la perte fortuite et le phylloxéra doit rentrer dans cette catégorie.

Nous sommes donc en droit de dire que par son article 1er la loi du 8 mars 1898 apporte une exception à des principes fondamentaux de notre législation et arrive à changer la nature du bail à complant pour des raisons qui ne peuvent se justifier en droit.

Elle a de plus porté atteinte à l'article 2 du Code civil, au principe de la non-rétroactivité des lois.

Nous disions, en effet, que si les propriétaires et colons avaient suivi d'eux-mêmes les moyens pratiques d'entente, que leur dounait la commission de 1895, on aurait évité de se heurter au principe de la non-rétroactivité des lois, il nous faut maintenant montrer de quelle façon le législateur est arrivé à ce résultat.

La Commission, disait M. Gellibert des Séguins dans son rapport à la Chambre des députés, avait pensé introduire dans la loi une clause de rétroactivité, mais elle a été arrêtée par une considération de principe ; elle a craint de créer un précédent législatif. Comment après une telle déclaration peut-on affirmer que cette loi a un effet rétroactif ?

Cette loi a été votée pour mettre fin à un état de choses regrettable entre colons et propriétaires, son but est de les concilier, et pour le faire elle change complètement la nature du bail à complant. Or que se produira-t-il ? Supposons deux personnes, un colon et un propriétaire liés par un bail à complant dont le titre est bien antérieur au vote de la loi : ces deux parties ont prévu expressément la destruction de la vigne par cas fortuit et convenu que si cette destruction avait lieu, le contrat

serait résolu comme il est d'usage ; mais entre temps la
loi a été promulguée, qui a changé la nature du complant
il n'appartient plus maintenant au propriétaire d'empêcher
le colon de replanter, le contrat subsiste, même après la
destruction du vignoble ; on ferait le même raisonnement
dans le cas où ces deux personnes, n'ayant rien prévu,
avaient eu l'intention de se conformer aux principes existants, mais de par la loi ces principes sont changés, et ce
sont ceux qu'elle édicte que les parties en question doivent
désormais appliquer, il y a bien là un véritable effet rétroactif. Il est certain, que pour les arrangements intervenus
avant cette loi entre propriétaires et colons l'annulation ne
sera pas prononcée, de ce côté le principe de la non-rétroactivité sera respecté, mais il ne l'est plus, quand les parties
voient modifier dans leurs conséquences, les clauses qu'ils
avaient apposées dans leur contrat, ou qu'ils avaient sous-
entendues étant donnés les principes, qui gouvernaient la
matière au moment où le contrat a été consenti; or si l'on
n'admet pas, que la loi nouvelle règlemente les rapports
des colons et propriétaires dont les baux ont été passés
antérieurement à sa promulgation, on peut se demander
à quoi elle peut bien servir, puisque étant faite dans le
but de concilier les parties à l'heure présente, elle n'aurait
d'effet que pour l'avenir, c'est-à-dire pour les baux qui
auraient été passés dans la suite. C'était bien là l'avis de
la Commission de 1895 repoussant toute intervention législative.

Après avoir permis au colon de replanter la vigne dé-

truite par le phylloxéra, le législateur pour éviter toute
contestation sur le point de savoir si une vigne est ou
n'est pas détruire, ajoute au projet du gouvernement la
façon de reconnaître une vigne qui ne pourra plus produire.

« Est considérée comme détruite par le phylloxera toute
vigne dont la moitié des ceps au moins est atteinte par le
phylloxera et est devenue improductive. »

Un constat suivant la forme ordinaire montrera que l'on
se trouve dans les conditions déterminées par la loi. Ainsi
le décide M. Lecour-Grandmaison dans son rapport.

Il est certain, que d'après ce texte de l'article premier, on
ne pourra pas permettre au colon de replanter, quand la
vigne sera détruite par une autre maladie que le phylloxéra ;
c'est une dérogation aux principes, on doit donc l'interpréter restrictivement, et comme parmi les maladies de la
vigne, le phylloxéra seul est nommé dans cet article, le
colon n'aura le droit de replanter, qu'après destruction due
à ce fléau.

Il nous semble pourtant qu'il y avait autant de raisons
de permettre au colon de replanter après destruction du
vignoble par le mildew, le blackrot, etc., que par le phylloxéra, ce cas certainement ne se produirait pas souvent,
mais admettons qu'il se produise; pourquoi alors appliquer les principes généraux ; est-ce que dans ce cas il n'y
a pas spoliation et injustice pour le colon en laissant résilier le contrat ; mais il me semble que l'injustice et la spoliation sont bien plus flagrantes dans ce cas que dans celui

du phylloxéra; car enfin on traite toujours les vignes atteintes de ces maladies, on essaye toujours de les sauver, et les remèdes absorbent une grosse partie des bénéfices, si donc, après avoir fait tous ces sacrifices, la vigne vient à périr, le colon sera bien plus digne de pitié, que ne peut l'être un colon dont le vignoble vient à périr phylloxéré, car dans ce cas, que faire (1), on n'a qu'a laisser le fléau continuer ses ravages, et comme il vient à succomber certainement, le colon en plus de la perte des ceps, n'aura pas à déplorer des déboursés parfois considérables, qu'il aurait été forcé de faire en cas de destruction par le mildew ou autre maladie. Puis, pas plus pour ces maladies que pour le phylloxéra, les parties n'ont pu en prévoir l'arrivée ; il y avait donc de très bonnes raisons, en reprenant les arguments du législateur, d'empêcher la résiliation du bail à complant, pour destruction du vignoble, par suite de maladies fortuites autres que le phylloxéra. Nous sommes donc en droit de nous demander pourquoi cet article n'a pas été généralisé.

Nous faisions remarquer, que le texte de cette loi s'était inspiré des baux, que certains propriétaires avaient consenti à leurs colons dans le cas de destruction du vignoble, et dont nous avons transcrit un type, et on aurait mieux fait, avons-nous dit, de laisser l'entente et la conciliation se

____

(1) Les remèdes contre le phylloxéra sont d'un prix très élevé, et comme la réussite en est toujours douteuse, on soigne à peu près pas les vignes atteintes de ce fléau.

produire d'elles-mêmes, on aurait ainsi évité la critique
que l'on fait à l'article 2. Cet article est ainsi conçu :

« Art. II. — Un délai de quatre ans est accordé pour la
reconstitution de la vigne à partir du 1er avril de l'année
où la vigne a été détruite par le phylloxéra.

« Est considérée comme reconstituée la vigne dans laquelle la replantation et le greffage des plants sont exécutés.

« Dans le cas où, au cours de la période de reconstitution, le colon ferait des cultures destinées à amender le
sol, il devra donner au propriétaire une redevance annuelle
calculée à raison de trente-cinq francs par hectare.

« La reconstitution sera faite en plants américains greffés avec les cépages choisis d'un commun accord par le
propriétaire et le complanteur.

« En cas de désaccord, le greffage aura lieu avec le
cépage de l'ancien vignoble ».

Là encore, la loi a copié les baux que la commission
de 1895 avait conseillés aux parties ; mais était-ce bien la
peine de recourir au législateur, et de réglementer par une
loi la façon dont propriétaires et colons cultiveraient désormais les vignobles détruits ; les baux que les parties pouvaient consentir après l'arrivée du phylloxéra, auraient
dans ce cas rendus des services bien plus efficaces, car là
il s'agit de questions pratiques, de procédés agricoles, qui
peuvent varier à l'infini, et une loi ne peut prévoir tous les
cas qui peuvent se produire ; aussi, nous semble-t-il, on eut
mieux fait de laisser les parties libres de s'entendre sur

tel point ou sur tel autre, plutôt que de leur imposer une manière de faire, pouvant ne pas répondre aux intérêts des contractants.

Aussi, rien que pour fixer le délai, qui est accordé au colon pour replanter, pouvons-nous constater une longue hésitation de la part du législateur. Dans le projet du gouvernement, ce délai est d'abord fixé à 5 ans, dans le texte fourni par la commission de la Chambre, il est ramené à 3 ans, et enfin la loi le porte à 4 années à compter du 1er avril qui suivra la destruction du vignoble; pourquoi ces différences dans la fixation du délai, pourquoi ces hésitations; c'est que là, comme presque dans tous les articles que nous trouvons, la loi s'est subtituée aux conventions des parties, qui mieux qu'elle, étaient à même de juger, l'opportunité d'un délai plus ou moins long, aussi dirons-nous que cette période de quatre ans est absolument arbitraire, vu les différentes façons dont on procède, pour replanter un vignoble. M. Gellibert des Seguins dans son rapport, nous fait connaître du reste quels sont ces procédés : « Ou bien, dit-il, on amende le sol en y faisant d'autres cultures pendant deux ans et c'est la troisième année, que la replantation a lieu, ou bien (c'est ce qui se pratique le plus généralement), on se contente de défoncer le sol à 50 centimètres de profondeur, dès que la vigne morte est arrachée; on fume ensuite, et la replantation peut avoir lieu sans cultures intermédiaires. C'est la façon la plus dispendieuse, mais la plus prompte, puisqu'au bout de deux années la nouvelle vigne est en état de produire. » Après avoir lu cette phrase, il nous semble qu'on devrait s'attendre à voir réglementer les deux procédés, ou ou moins celui qui est le plus en usage, c'est-à-dire la replantation après 2 ans et sans cultures intermédiaires, il n'en est point ainsi, la loi prend un moyen terme, et permet au colon de ne replanter qu'après 4 ans. Or que peut-il se passer, si les habitudes d'un pays sont portées vers le second procédé, le propriétaire sera complètement à la merci du colon ; il est vrai, et nous nous plaisons à le reconnaître, ce cas se produira rarement, mais enfin s'il se produit, quels moyens donnera-t-on à ce propriétaire, pour forcer son colon à replanter dans un délai de deux ans, comme on a coutume de le faire généralement, alors que la loi permet à ce dernier d'attendre 4 années avant de reconstituer le vignoble détruit ; de sorte que ce propriétaire ressentira non seulement, la perte de la vigne, mais verra son terrain rester improductif, pendant quelque temps, et il n'aura pas de moyens à sa disposition pour forcer le colon à cultiver la terre pendant ce laps de temps ; car la loi, dans son article premier, est catégorique sur ce point ; elle permet au colon de replanter, mais elle le laisse libre de choisir le procédé de replantation, ne faisant à cet égard aucune distinction. Donc d'après la loi, le colon est absolument maître de la situation, le propriétaire ne peut rien pour empêcher que ses intérêts soient lésés. Puis, si au lieu d'être dans des contrées, où l'on attend deux ans avant de replanter et sans cultures intermé-

diaires, on se trouve dans des pays où comme en Maine-
et-Loire, aussitôt après l'arrachage de l'ancienne vigne
on procède immédiatement à la replantation de la nouvelle, ce délai ne se comprend plus, et il semble, que la
loi l'aurait inséré à plaisir dans les textes, pour donner
lieu à de nouvelles contestations entre propriétaires et
colons.

Sans l'admettre d'une façon générale, nous le comprenons mieux, dans le procédé par amendement, mais là
encore nous le trouvons arbitraire; la plupart du temps,
ce délai sera suffisant pour permettre au colon de fumer,
et de faire reposer la terre par d'autres cultures; mais
tout ceci résulte de la nature du sol, de sa qualité, et de
la façon dont on comprend l'amendement. Aussi la loi,
au lieu de fixer un délai, qui ne peut répondre à tous les
cas prévus par les usages, et les besoins de la culture,
eut mieux fait, si tant est que l'on voulait trancher les
difficultés par une loi, laisser ce soin à l'initiative d'un
chacun. C'était dans l'intérêt des deux parties, et on ne pouvait craindre à cet égard de nouvelles difficultés; du reste
en cas de contestations, on aurait pu s'en rapporter
aux usages locaux, ou à des conclusions d'experts qui
auraient tranché la question de savoir, si dans tel cas on
devrait procéder à la replantation immédiate, ou attendre
quelques années.

Un autre reproche que l'on adresse aussi à l'article 2 de
cette loi, concerne l'alinéa 3, où il est dit « que dans le
cas où, au cours de la période de la reconstitution, le

colon ferait des cultures destinées à amender le sol, il devra donner au propriétaire une redevance annuelle calculée à raison de 35 fr. par hectare. »

Là encore on remarque quelques hésitations de la part du législateur; primitivement la redevance annuelle avait été fixée à 50 fr., dans le texte primitif on l'a ramenée à 35 fr. l'hectare. Dire qu'il y a là une fixation arbitraire, comme l'ont dit quelques personnes qui ont écrit sur cette matière, nous semble un reproche quelque peu exagéré. Nous comprenons fort bien ce reproche pour la fixation du délai accordé pour la replantation, puisqu'il ne répond à aucun des modes en usage; mais là, cette indemnité se comprend parfaitement; le propriétaire ne touche aucun revenu de son terrain, puisque le vignoble est détruit, et quand le colon cultive à la place de l'ancienne vigne d'autres produits, il doit en faire bénéficier le propriétaire; aussi la loi lui alloue-t-elle 35 fr. par hectare, et cette fixation, croyons-nous, n'est pas arbitraire; car du moment que le colon cultive les terres débarrassées de leurs ceps, il agit comme un fermier cultivant des produits quelconques, et il est probable que ce chiffre de 35 fr. représente à peu près la valeur de l'hectare affermé; peut-être celui de 50 eût-il été plus près de la vérité, c'était du reste celui dont on avait parlé dans la discussion de la question devant la commission de 1895. On pourrait dire certainement que là aussi la loi eût mieux fait de laisser les parties libres de fixer cette indemnité, suivant la nature des produits qui y seraient cultivés; cette opinion nous

paraîtrait plus équitable, mais, quoi qu'il en soit, la somme
de 35 fr. à laquelle a droit ce propriétaire ne peut être
considérée comme arbitraire; car si l'on supposait qu'il
veuille affermer cette terre, il est de toute probabilité qu'il
ne trouverait pas un prix beaucoup plus élevé de location
par hectare, à la condition bien entendu que ce soit un
bail à ferme ne portant pas sur la vigne, qu'il consente.
On peut donc dire que cette indemnité est basée sur le prix
moyen de l'hectare affermé et qu'elle n'a pas un caractère
d'arbitraire aussi marqué qu'on semblerait le supposer.

On a dit, que cette allocation semblait être pour le propriétaire une faible part qu'il prendrait aux frais de
reconstitution (1), et que la loi eût mieux fait, au lieu d'avoir
recours à cette évaluation éventuelle, d'aborder franchement la question du partage des frais de la reconstitution.
Il nous semble, au contraire, qu'il est plus équitable pour
les deux parties, que le propriétaire n'entre pas pour moitié
dans les frais de reconstitution. Nous avons dit, en effet,
à propos de l'indemnité due au bailleur par le colon,
qu'elle représentait à peu près le prix de ferme d'un hectare en culture autre que la vigne; or on peut admettre
que le législateur n'a pas fixé cette indemnité à un prix
trop élevé pour faire participer le bailleur aux frais de
replantation, mais nous n'admettons pas que celui-ci doive
équitablement y contribuer pour moitié; car d'une part il
est propriétaire du sol et de l'autre il ne touche que le

(1) M. Beucher. *Bail à complant en Maine-et-Loire.* p. 159.

quart de la récolte (1), tandis que le bail à complant est
concédé au colon dans des conditions particulièrement
favorables, puisqu'il a droit aux trois quarts de la récolte,
qui l'indemnisent des travaux de premier établissement,
des frais et des peines qu'ils nécessitent et de l'intégralité
des frais de culture ; il nous semble donc qu'en demandant au propriétaire d'entrer pour moitié dans la replantation, la loi eût lésé ses intérêts ; tandis qu'en ordonnant
au colon de lui payer un prix de fermage à l'hectare plutôt en dessous de la valeur normale, elle respecte et con-
cilie dans la mesure du possible les intérêts des parties.

Après avoir fixé le délai dans lequel le colon doit
replanter, la loi nous explique ce qu'elle entend par vigne
reconstituée ; c'est la vigne dans laquelle la replantation et
le greffage des plants sont exécutés (art. 2, al. 2). Cet alinéa
apporte très certainement un correctif à l'alinéa premier
et diminue le pouvoir du colon relativement à la replantation ; cette replantation et ce greffage en effet ne peuvent
se faire qu'après de longs travaux, de sorte que le propriétaire ne craindra pas, de voir son terrain sans culture
pendant aussi longtemps, que pourrait le faire supposer la
lecture de l'alinéa premier, dans le cas où le colon replan-
terait sans amendements préalables, puisque ce dernier
devra avoir terminé les opérations de replantation et de
greffage, quatre années après la destruction du vignoble,

(1) Nous savons en effet que la plupart du temps le partage des
fruits se faisait dans ces proportions.

à compter du 1er avril qui suit cette destruction ; mais malgré ce tempérament apporté à l'état de choses, que nous avons constaté, nous maintenons la critique que nous avons faite à propos de l'alinéa premier de l'art. 2.

Nous ferons également deux autres reproches à la loi et nous nous demanderons d'abord, pourquoi elle ne dit rien des autres opérations qui peuvent accompagner la replantation ; entend-elle ne rien innover en la matière, et laisser subsister les clauses des anciens baux relatives à la culture ? pourtant cette replantation en plants américains nécessite certains travaux qui certainement n'ont pu être prévus dans les anciens titres, et qu'on ne peut trouver dans les vieux usages et coutumes du pays, il nous faut alors admettre que les parties s'entendront entre elles pour ces questions, et que leurs conventions suppléront à la loi (1). Remarquons toutefois, que puisque cette loi avait pour but, de se substituer aux baux, que colons et propriétaires auraient pu librement consentir, elle eut bien fait d'aller jusqu'au bout, et de réglementer certaines opérations importantes sur lesquelles elle est restée muette.

Puis dans le cas où le colon commence par amender la terre et paye au bailleur la redevance annuelle de 35 francs par hectare, la loi ne dit pas non plus s'il devra acquitter le droit de chapon. Que penser de ce silence ? Les baux

---

(1) C'est du reste l'espoir formulé par le rapporteur du Sénat. M. Lecour-Grandmaison.

que les propriétaires passaient avec leurs colons en vue
de la reconstitution du vignoble, prévoyaient le cas, et le
colon était affranchi de ce droit, faut-il en dire autant
malgré le silence de la loi? Puisque le chapon fait partie
de la redevance due par le colon, la question ne se pose
pas dans le cas, où replantant de suite ou deux années
après la destruction du vignoble, le colon ne doit pas
payer d'indemnité au bailleur, puisqu'il ne cultive pas le
terrain arraché; et quand il paye cette redevance de
35 francs, il nous semble qu'il ne doit pas non plus
malgré le silence de la loi, acquitter le droit de chapon.
Nous avons vu en effet que, quand dans un bail à complant, la culture était changée, et la redevance en nature
devenue une redevance en argent, il y avait novation, qui
entraînait malgré la volonté des parties la destruction du
premier contrat; il doit en être de même ici, car bien que
la loi ne veuille pas changer le caractère du bail à complant, elle ne peut empêcher que le contrat qui unit les
parties après la destruction du vignoble, ne soit plus le
même, étant donné que le bail à complant ne pouvait
vivre la vigne n'existant plus; et tant que le colon cultive
comme fermier, en payant au propriétaire un prix de
location de 35 francs par hectare, il ne lui doit de par la
loi que cette somme, et il ne saurait être question du
chapon, qui faisait partie de l'ancienne redevance en
nature à laquelle il n'est plus tenu. Le devra-t-il quand la
vigne étant en rapport, le colon recommencera à payer
au bailleur la redevance en nature? Évidemment oui, car

un nouveau bail à complant s'est formé, et nous savons
que le chapon est considéré comme le complément de la
redevance due dans ces sortes de baux.

Si la nouvelle loi ne parle pas des opérations qui peuvent accompagner la reconstitution du vignoble, elle dit
cependant comment sera faite cette reconstitution. « La
reconstitution sera faite en plants américains greffés avec
les cépages choisis d'un commun accord par le propriétaire et le complanteur. En cas de désaccord, le greffage
aura lieu avec le cépage de l'ancien vignoble ». La loi a
certainement bien fait de parler des greffes qui seront
employées, mais on doit regretter qu'elle n'ait parlé que
de cela. Si les greffes, en effet, ont une importance
énorme dans un vignoble reconstitué, les porte-greffes,
nous semble-t-il, en ont une également, et d'eux la loi ne
dit rien ; le colon a donc encore, dans ce cas, un plein
pouvoir ; pourtant au lieu de réglementer le cas où il y
aurait désaccord entre les parties, sur le choix des greffes, et de déterminer la façon dont ce désaccord cessera,
il eut mieux valu s'occuper du désaccord possible sur le
choix des porte-greffes. Les greffes, elles sont connues,
elles existent dans le pays depuis longtemps, et chacun
est à même d'en apprécier la valeur, mais les porte-greffes,
c'est-à-dire les plants américains, on est encore peu fixé
sur la qualité des différentes espèces, et la loi aurait dû
laisser une plus large place au propriétaire dans le choix
de ces cépages ; il est en effet mieux à même et par son
instruction et par son intelligence, d'apprécier un genre

de culture qui est encore bien obscur, et bien discutable.

Quant à la sanction des obligations de cet article II, elle est facile à déterminer. Si, le colon laisse passer quatre ans sans avoir reconstitué la vigne, il sera déchu du bénéfice de la loi et retombera sous les termes de son acte de prise. La vigne sera alors réputée avoir péri faute de soins, dit le rapporteur du Sénat ; la décision est juste mais encore faut-il que le colon manifeste l'intention de replanter, et dans le cas où il ne manifeste pas cette intention, nous avons vu que le bailleur ne peut l'y forcer tant que le délai n'est point passé.

De par la loi, le colon a donc le droit de replanter le vignoble détruit par le phylloxéra, mais dans le cas où il ne voudrait ni ne pourrait procéder à cette replantation, craignant de trop forts déboursés, ou n'ayant pas le moyen de le faire, la loi vient à son secours et lui permet d'agir de la façon suivante qui fait l'objet de l'art. III :

« Art. III. — Toutes les fois que le colon d'une vigne à complant qui se trouve dans les conditions prévues à l'article premier ne pourra ou ne voudra la reconstituer, il aura la faculté de céder son droit à un tiers.

« Si ce tiers n'est ni l'ascendant, ni le descendant du complanteur, le propriétaire du sol peut, à prix égal, user du droit de préemption.

« Le colon qui veut céder son droit à un tiers doit no-

tifier au propriétaire du sol le nom de ce tiers et le prix
de la cession.

« Le propriétaire a vingt jours pour notifier sa réponse.
Passé ce délai, il sera considéré comme ayant renoncé à
son droit de préemption.

« Après la reconstitution du vignoble le complanteur
qui voudra céder son droit à un tiers sera tenu aux
mêmes obligations prévues par les paragraphes 2 et 3 du
présent article ».

Cet article ne nous apprend rien de nouveau sur notre
matière; nous avons vu en effet que le colon avait le droit
de céder son droit en l'absence de toute clause prohibitive
dans le contrat, la loi ne fait donc qu'appliquer la théorie
de M. Neveu-Derotrie, qui s'appuyait lui-même sur un jugement du tribunal de Nantes du 29 décembre 1841. Elle
reconnaît aussi au preneur le droit de préemption et ré-
glemente la façon, dont ce droit sera exercé. A ce propos
sont nées quelques difficultés.

Le syndicat des propriétaires viticulteurs, craignant que
les alinéas 2 et 3 de cette loi ne donnassent lieu à des
fraudes, et que le droit de préemption ne devint alors illu-
soire, avait remis à la commission du Sénat une note dans
laquelle il faisait part de ses craintes ; on pouvait en effet
supposer que le colon dans l'espoir de retirer de la cession
un bénéfice considérable demanderait au propriétaire un
prix tellement exagéré, que ce dernier ne pourrait accepter,
vingt jours après, le bailleur était déchu de son droit, le
complant vendu à un autre, et la loi était élucidée. A ceci

on a répondu que ce qui devait être notifié au propriétaire c'était le nom du cessionnaire et le prix de la cession, et que cette cession ne peut être faite qu'au preneur nommé dans la notification et pour le prix notifié ; mais rien n'empêche dirons-nous, que le cédant ne puisse forcer le cessionnaire à indiquer un prix bien supérieur à ce qu'il est en réalité, et le propriétaire n'acceptera pas davantage d'exercer son droit à de telles conditions. La loi de toutes façons peut donc être faiblement élucidée.

Remarquons que, la loi dans cet article reconnaît le droit de cession du colon d'abord avant la reconstitution du vignoble dans les alinéas 1, 2, 3 ; puis dans l'alinéa 4, elle reconnaît également ce droit au colon après la reconstitution, ce qui nous fait croire que même s'il y avait eu dans l'ancien bail à complant des clauses prohibitives, le colon pourrait passer outre et user du droit que lui confère la loi ; alors tout en disant que la loi n'entend rien changer au titre primitif, il arriverait pourtant ceci, c'est que le législateur ne lui reconnaîtrait aucun effet ; les propriétaires viticulteurs ont du reste compris l'alinéa de cet article de cette façon, et s'étonnèrent que la loi violât aussi ouvertement leurs conventions primitives. Cependant si l'on se reporte aux documents parlementaires, M. Lecour Grandmaison explique d'une toute autre façon le texte de cet alinéa et lui donne un sens que certes l'on ne s'attendait pas à trouver. « Les propriétaires viticulteurs, dit-il, ont demandé que le droit de cession accordé au colon, au cas où il ne pourrait pas reconstituer la vigne lui-même, ne subsiste plus après la replantation faite ; ils admettent que la loi a pu faire revivre le bail qui allait prendre fin par un cas de force majeure, mais ils soutiennent qu'on n'en peut changer les conditions primitives.

L'effet de la loi ne porte, en effet, que sur cette faculté nouvelle de replantation accordée au colon, en cas de destruction totale de la vigne par le phylloxera, éventualité qui n'avait pu être prévue à l'origine du bail. La loi n'innove rien au titre et le preneur continue après la reconstitution à jouir du complant dans les conditions anciennes. Il en résulte que lorsque le bail primitif a admis pour le colon le droit de céder, soit sans avertir, soit en avertissant le propriétaire du fonds, le droit subsiste tout entier, tandis qu'au contraire lorsque le bail ne conférait pas au colon le droit de céder sans l'autorisation du propriétaire, le colon continue à jouir dans les mêmes conditions et ne peut revendiquer aucun droit nouveau en vertu de la présente loi ».

Certes d'après ce qu'avait dit le législateur en discutant l'opportunité de la loi : « Qu'il n'entendait rien changer au caractère du bail à complant », les viticulteurs propriétaires devaient être fort étonnés de voir malgré cette promesse, leurs conventions complètement bouleversées ; en permettant la cession et le droit de préemption quand la vigne n'est pas reconstituée, la loi a agi sagement, car elle évite ainsi pour le colon la perte entière de ses droits, et donne en même temps au propriétaire de plus grandes chances de voir replanter le vignoble ; mais une fois que

la replantation est faite, pourquoi ce droit serait-il encore
accordé au colon, quand dans le titre primitif il ne lui
était pas reconnu ; il y avait vraiment de quoi être surpris. Le rapporteur du Sénat a donc bien fait de déterminer
les circonstances dans lesquelles le colon pourra user de
la faculté de cession, mais malgré cela l'alinéa 2 dans les
termes qu'il emploie reste pour nous dans l'obscurité la
plus complète, puisqu'il dit tout le contraire que l'on veut
lui faire dire ; et il est impossible de le concilier avec l'explication que nous venons de mentionner.

Telle est la loi nouvelle. Nous voyons donc qu'elle est
critiquable sur plus d'un point, et qu'on eut bien mieux
fait de laisser les parties s'entendre d'elles-mêmes ; d'après
les travaux de la Commission de 1895, les propriétaires
ne demandaient pas mieux que d'arriver à la conciliation ;
tous étaient d'accord que la seule solution à donner à la
question, était la reconstitution du vignoble, et qu'ils
aideraient leurs colons dans cette reconstitution, comme
ils l'avaient déjà aidé à lutter contre le mildew ; mais les
colons poussés par les syndicats, et espérant, par les idées
propagées et la pression que l'on exerçait sur eux, arriver
à l'abrogation de l'avis du Conseil d'Etat de l'an VIII, et
devenir par une spoliation, propriétaires du sol ou au
moins copropriétaires, répondirent à l'attitude conciliante
des bailleurs en déclarant qu'ils ne traiteraient jamais avec
ceux-ci tant que la question n'aurait pas été tranchée

législativement en leur faveur (1). C'est peut-être là, la
raison et la cause de cette loi. Le législateur a pensé que
s'il n'intervenait pas, la conciliation ne pourrait jamais
avoir lieu; il a alors dicté et ordonné les conditions d'entente, en se substituant aux conventions des parties. Peut-
être a-t-il bien fait d'agir de la sorte, quoique nous pensons, que les colons voyant les bailleurs disposés à leur
venir en aide, auraient fini par accepter les conditions de
ces derniers, comprenant que leurs intérêts étaient respectés; il se serait alors formé une espèce de coutume,
d'usage local d'application facile, et les parties n'auraient
pas été obligées de voir enserrer leur contrat dans le cadre
trop étroit, que leur offre la nouvelle loi.

Puis enfin que dire des baux à complant translatifs de
propriété; la nouvelle loi ne s'applique certainement pas
à eux, car dans ces contrats, le colon est propriétaire du
sol, et la seule destruction du vignoble par le phylloxéra
ne peut détruire une convention de ce genre; là, en effet,
le bailleur peut reprendre la vigne mal entretenue, mais
le colon n'est responsable que de sa faute et de sa
négligence, il ne répond donc pas des cas fortuits. La clause
résolutoire, n'est créée que pour obliger le colon à bien
cultiver à remplir ses obligations; si donc dans l'espèce,
c'est-à-dire après la destruction du vignoble phylloxéré,
le colon se met à replanter et il ne fait que remplir ses

(1) Rapport de M. A. Delalande.

obligations, et le contrat subsiste. Il était donc inutile de maintenir ce contrat par une déclaration législative.

Mais si la nouvelle loi ne s'applique pas aux baux à complant translatifs de propriété, s'applique-t-elle à tous les baux à complant non translatifs ou seulement à ceux de la Loire-Inférieure.

Cette loi ne parlant ni de l'avis du Conseil d'État de l'an VIII, ni de celui de l'an X a certainement entendu les respecter. Or, on se rappelle que ce dernier avis permettait d'appliquer les principes édictés par le précédent dans tous les baux à complant, où la réserve de la propriété serait maintenue aux bailleurs comme en Loire-Inférieure. On serait donc en droit de dire, que pour ces baux, on les considère faits comme ceux de la Loire-Inférieure, et la loi du 8 mars 1898 leur est applicable. Remarquons toutefois que cette loi eut mieux fait de parler des pays dans lesquelles elle recevra son application, et de trancher définitivement pour ces contrées la nature des baux à complant, qui n'est pas bien définie.

Constatons enfin que le sort des baux à complant au point de vue législatif, est d'une extrême bizarrerie. En l'an V, les propriétaires demandent, en appuyant l'administration, que la nature de ces sortes de baux soit définitivement tranchée par une loi ; une Commission se réunit, et il est jugé inutile par le Conseil d'État, qu'une loi statuât sur la matière. De nos jours, les colons et les propriétaires demandent que leurs rapports soient bien délimités dans les difficultés, que fait naître l'apparition du phylloxéra, une Commission se réunit, demandant que ces rapports soient fixés à l'amiable, et qu'il n'est pas besoin pour cela d'avoir recours au législateur ; une loi immédiatement est votée qui met fin aux contestations. Nous regrettons qu'en l'an V, le corps législatif n'ait pas en présence de la nouvelle législation, réglementé les baux à complant ; bien des difficultés, bien des procès auraient été ainsi évités, car seule la jurisprudence pouvait essayer de concilier les derniers vestiges de nos vieilles coutumes avec nos nouvelles théories et nos nouvelles idées.

Si cependant la loi du 8 mars 1898, est fort critiquable, si elle a apporté des exceptions essentielles aux principes de notre législation, si elle a bien des lacunes sur des points importants, remarquons que dans son allure générale elle répond bien aux exigences du moment ; il est certain que si les parties avaient été laissées libres, de nombreuses difficultés eurent été évitées dans la suite, mais le but principal de la loi était de permettre au colon la replantation du vignoble, et en cela au point de vue social tout au moins, on ne peut l'en blâmer ; c'était nous l'avons dit la seule solution pratique, tout ce que l'on peut regretter, c'est que cette solution ait été imposée par une loi ; nous en connaissons les inconvénients.

Enfin dirons-nous, pour juger complètement une loi, il faut attendre qu'elle ait fait ses preuves, et c'est à peine si l'on commence à replanter actuellement d'après la nouvelle législation. Les colons l'ont accueillie avec joie, les propriétaires devaient se montrer moins enthousiastes, espérons toutefois que des procès et des difficultés ne naîtront pas en trop grand nombre, et que, laissant un champ assez vaste aux conventions des parties, ces dernières pourront par leurs contrats combler ses lacunes, et éviter de cette façon de nouvelles difficultés.

CONCLUSION

De cette étude il ressort donc, que dans les provinces
de l'ouest de la France, il existe encore quelques contrées,
où l'on cultive la vigne au moyen d'une tenure spéciale,
appelée le bail à complant. On en trouve deux sortes, un
qui est translatif de propriété, et l'autre qui est considéré comme un bail ordinaire. C'est ce dernier qui surtout
est le plus en usage, puisque l'autre est confiné dans
quelques cantons de la Charente-Inférieure. C'est donc lui
qui représente pour nous le type du bail à complant tel
qu'on le pratique de nos jours. On pourrait être étonné
de trouver encore à notre époque, ces vestiges de l'ancien
droit ; mais pourquoi quand une tenure est en usage,
formée par l'expérience des siècles passés et enracinée
dans les habitudes d'une contrée, pourquoi la supprime-
rait-on ? Notre bail à complant remonte à plusieurs siècles,
la législation qui nous gouverne depuis 1804, l'a laissé
subsister et l'a admis peut-être par tolérance, mais enfin
elle l'a reconnu, sous l'influence de la jurisprudence qui
en la matière n'a eu pour objectif, que de rester fidèle
aux traditions, aux vieux usages locaux, en les accomo-
dant tant soit peu aux nécessités de l'époque où nous

vivons et aux principes édictés par le Code. Nous ne pouvons alors que reconnaître le maintien de notre bail à complant comme un bienfait et dire avec Portalis : « Il est utile de conserver tout ce qu'il n'est pas nécessaire de détruire; les lois doivent ménager les habitudes d'un pays. On raisonne trop souvent comme si le genre humain finissait et commençait à chaque instant, sans aucune sorte de communication entre une génération et celle qui la remplace. Les générations en se succédant se mêlent, s'entrelacent et se confondent. Un législateur isolerait ses institutions de tout ce qui peut les naturaliser sur la terre s'il n'observait avec soin les rapports naturels qui lient toujours plus ou moins le présent au passé. »

Le législateur de 1898 a si bien reconnu la vérité et la valeur de ce raisonnement, qu'imitant ses devanciers et désirant peut-être les surpasser il a doté l'institution du bail à complant d'une loi, le seul monument législatif proprement dit que nous ayons en la matière.

Vu :
Le Président de la thèse,
PLANIOL.

Vu :
Le Doyen,
GLASSON.

Vu et permis d'imprimer :
Le Vice-Recteur de l'Académie de Paris,
GRÉARD.

TABLE DES MATIÈRES

Pages

Introduction 1

Chapitre I. — *Définition et aperçu historique du bail à complant* 5

Sect. I. Définition et notions générales 5

— II. Aperçu historique. Nature des baux à complant avant la Révolution 10

Chap. II. — *Effet des lois abolitives de la féodalité sur le bail à complant* 23

Sect. I. Historique des lois abolitives de la féodalité 23

— II. Le bail à complant a-t-il été touché par ces lois abolitives 34

Chap. III. — *Etude analytique du bail à complant* 59

Sect. I. Objet du contrat 60

— II. Obligations du bailleur 62

— III. Obligations du preneur 67

— IV. Sanction des obligations du preneur 87

Pages

Chap. IV. — *Caractère du bail à complant. Est-il ou non translatif de propriété. Nature juridique du droit du preneur*   97

Sect. I. Historique du transfert de la propriété..   97

— II. Du caractère du bail à complant dans les autres pays que ceux de la Loire-Inférieure   116

— III. Comment pourra-t-on déterminer si un contrat est translatif de propriété ou non translatif de propriété   121

— IV. Nature juridique du droit du bailleur et du preneur   138

Chap. V. — *De quelques questions à propos du bail à complant*   159

Sect. I. De la capacité des parties contractantes dans le bail à complant   160

— II. Preuve du bail à complant   165

— III. Durée du bail à complant   171

— IV. De la transcription et de l'enregistrement dans le bail à complant   174

— V. De la disposition de la vigne par le preneur   176

— VI. Des actions possessoires dans le bail à complant. De la compétence   180

— VII. De l'extinction du bail à complant   184

— VIII. Du bail à complant et du métayage   197

                                                    Pages

CHAP. VI. — *Etude de la loi du 8 mars 1898*...........   205

Sect. I. Causes qui ont amené des contestations
         entre colons et propriétaires de la
         Loire-Inférieure. Jugement du 4 dé-
         cembre 1893. Pétition des colons à la
         Chambre des députés   205

—   II. Historique de la loi du 8 mars 1898.....   217

—   III. Etude analytique de la loi du 8 mars 1898.   227

Conclusion   255

Le Mans — Association Ouvrière (Mauboussin, Jobidon et Cie.) 5, rue du Porc-Épic.

www.ingramcontent.com/pod-product-compliance
Ingram Content Group UK Ltd.
Pitfield, Milton Keynes, MK11 3LW, UK
UKHW022009170726
13837UKWH00001B/69